谢宗博——著

生活·讀書·新知 三联书店 生活書店出版有限公司

图书在版编目（CIP）数据

你漏财了 ：9 种逆向思维算清人生这本账 / 谢宗博著. -- 北京 ：生活书店出版有限公司，2024. 11.
ISBN 978-7-80768-497-8

Ⅰ. F0-49

中国国家版本馆 CIP 数据核字第 2024CY6690 号

选题策划　紫云千阅
责任编辑　苏　毅
装帧设计　主语设计
责任印制　孙　明
出版发行　生活書店出版有限公司
　　　　　（北京市东城区美术馆东街 22 号）
邮　　编　100010
经　　销　新华书店
印　　刷　北京启航东方印刷有限公司
版　　次　2024 年 11 月北京第 1 版
　　　　　2024 年 11 月北京第 1 次印刷
开　　本　880 毫米 ×1230 毫米 1/32　印张 8.5
字　　数　160 千字
印　　数　0,001–5,000 册
定　　价　49.80 元
（印装查询：010–64052612；邮购查询：010–84010542）

序 | PREFACE

你的“财库”漏水了吗？

刷信用卡消费，选择分期付款，会漏财吗？

学别人炒黄金，买了一堆小金豆，会漏财吗？

买了很多年的意外险，从来没用上，是漏财吗？

下载免费试用的APP，总是忘了解除绑定，会漏财吗？

经常被问到很多此类问题，甚至连网上也充斥着各种各样标题为“漏财的10个习惯”“八个秘诀改变你漏财的习惯”之类的文章，给出改正习惯的办法更是千奇百怪，不乏“坐着不抖腿”“善待招财植物”之类的玄幻奇招。

漏财，以及如何避免漏财，在当前这个时期，似乎成了年轻人最关心的话题。于是，编辑约请我写一本关于“漏财”的书，从经济学的角度分析，如何养成好的习惯，防止漏财。

我思索良久，接下这个任务。经过两个多月痛苦的资料准备，却发现实在无从下手，因为生活中会导致漏财的行为太多了，没办法一一穷举并给出建议。

即使整理归纳了一些典型的做法，那又如何？只不过是能避免一些具体行为的影响罢了，还是无法从根本上规避漏财这件事。

当我准备找理由“开溜”的时候，才突然领悟过来，让你漏财的，它根本就不是习惯啊！

为什么这么说呢？

相信大家都看过这样的数学题：一个蓄水池，进水口5个小时可以蓄满水，出水口3个小时可以排完水，问同时开的情况下，满池的水多久能排完？

你是不是已经开始算了？不重要，今天咱们不考数学，算对算错无所谓。

如果要运用到个人或者家庭的花销上，相信很多人都容易联想到，这个蓄水池就是自己的“财库”，进水口就是收入，出水口就是支出，进进出出，涌动不止。

那么，如果这个出水口的流速明显大于进水口，就是漏财吗？

不是。

这个被设定好的出水口，是我们人生中必然的开支，都是我们自主决策的，即使不为我们的生活所必需，哪怕开支大于收入，最多只能说是“入不敷出”，并不能说是“漏财”。

正如很多人经常疑惑的：喜欢买包是漏财吗？喜欢花钱去看昂贵的演唱会是漏财吗？出行必坐商务舱是漏财吗？

经济学有个名词叫作“心理账户”，每个人的消费观不同，看重的消费习惯不同，即使是生活比较奢侈，只要花出去的钱，给自己带来了回报，让自己觉得值了，那就无可非议。比如，买包让自己能够更有动力赚钱，看演唱会让自己心情愉悦，坐商务舱帮助自己保持了良好的精力，花这些钱自己觉得值得就行。别人可以说他花钱大手大脚，不懂勤俭节约，攒不下来钱，但是，“有钱难买他开心”，这些钱至少对于他来说，花得值得，花得有回报，这就不能算漏财。

那，怎么样才算是漏财？

蓄水池破裂“渗水”，悄无声息“漏”走的水，没有给我们的生活带来任何好处，这种流失，才叫漏财。

每年春节三亚旅游的机票都会很贵，你不提前订票，等到返程才发现只剩下价格上万块的头等舱机票。因为你缺少对机票定价规律的认知导致平白多花的这几千块，就是漏财。

还有，买来的衣服从没穿过，健身房“年卡”没去过几次，因为不懂投资被“割韭菜”，这些流失的金钱没有给你带来任何回报，不管是物质还是精神上都没有体现消费的价值，就如同你财库上有渗水处，悄无声息地漏财。

那么，如何堵住这些漏财的口子呢？

你也许期待这本书能帮你找到最快捷的漏水“探测器”，最强力的“堵漏灵”，以绝后患的“修补剂”，这些想法，其实就是想要通过改正生活习惯来防止漏财。

然而，一个精通园艺的设计师告诉我，漏水的解决方案是从蓄水池的材质及所处地质入手，查找漏水的原因，而不仅是堵漏。如果只是简单地堵一下补一下，这个蓄水池还会有别的地方一直出现新的漏水口，总是等水漏完了再来补救，何时是个头儿？

他的话，给了我极大的启发：蓄水池出现一处处漏水，是补漏重要，还是找到出现漏水的原因更重要？是三不五时地排查防漏有效，还是彻底重建一个不会再漏的蓄水池有效？

人生的财库，也是如此。

财库总是漏财，你当然可以怪罪于外界的商家太坏、诱惑太大，但自己的财库还是需要自己守护，只有提高自己对财富、对投资、对风险等一系列因素的认知，才能构筑起坚固的财库，防范漏财发生。

更进一步来看，漏财不仅仅体现在财富的白白流失。如果因为自己对理财没有认知，错失了投资机会，让本来可以扩大的“进水口”没有增加流量，甚至因为被误导的投资，让“进水口”萎缩了，是不是也是财富的流失呢？

所以，漏财根本不在于你花钱的习惯如何，而是因为你没算清人生的这本账：作为一个个人独资公司，你的收入来自哪里？有哪些成本？收益如何持续流入？遇到风险如何应对？责任如何能承担？如何选择自己的主营业务？业务怎么才能持续并发展壮大？时代变了你如何不被抛弃？

相信大家都听过这么一句话：你永远赚不到超出你认知范围的钱，除非你靠运气，但是靠运气赚到的钱，最后往往又会靠实力亏掉，这是一种必然。这个社会最大的公平就在于：当一个人的财富大于自己认知的时候，这个社会有100种方法收割你，直到让你的认知和财富相匹配为止。

也就是说，提高自己的认知水平，才是防止漏财的最好方式，才能从源头免缴“财商税”，甚至还能够帮助自己扩大“进水口”，实现财富收支平衡，甚至达到财富自由的境界。

知识总是用在别处。认知到了位，自然也就不再漏财了；而避免了漏财的习惯，你的财富也就自然累积起来了。

基于此，本书并不会教你太多防止漏财的“小诀窍”，我知道亲爱的读者您大概率是看到书名和封面所写，想要学到一些防止漏财的办法而来，但是这本书想要实现的并不止于此。

就如有很多读者拿着我的书找我签名时，我总喜欢给他们写句留言：“学不为术”。很多读者就会问我，“学不为术”是什么意思呢？“学不为术”就是说，我们学习知识，不只是为了掌握一个马上就能用的方法或者手艺。就比如说，我们学习经济学，不是为了学到马上就可以用来赚大钱的具体方法，实际上也没有这种方法，要知道投资失败，甚至倾家荡产的经济学家也并不在少数。

学习不是为了术，那应该是为了什么呢？

术，对应的是道。出自老子《道德经》里的“道法术”：道，是规则、自然法则，上乘；法，是方法、法理，中乘；术，是行为、方式，下乘。我们学习知识，应该是为了提高自己的认知。比如，本书所阐述的9个与“财”有关，更与“认知”有关的词，就是希望可以向诸位介绍经济学、金融学的基本规律，帮助大家正确看待、认知经济世界的运行规律，从而运用好这些规律，为自己的人生“添水添财”。

所以，你也可以说，这是一本“伪装”成理财书的认知书。好在这也不过就是让你花上几十块钱的书费，算不上漏财。何况，读完之后也许您真就堵上了财库的漏缝呢？

期待我的愿望成真，也期待您的愿望成真。

目录 | CONTENTS

Part 1 漏财，是因为你不明白什么是财富，才会误解“漏”财

Part 2　漏财，是因为你误解了价值的本质，才会买椟还珠

Part 3　漏财，是因为你陷入了价格陷阱，才会迷失“钱”途

Part 4 漏财，是因为你忽视了成本，才失去了获益的机会

Part 5　漏财，是因为你对投资有误解，才会在波动中被“割韭菜”

Part 6　漏财，是因为你没有应对好风险，才会在逃避中远离收益

Part 7 漏财，是因为你没有学会概率，才看错了人生的可能

Part 8 漏财，是因为你不会博弈，才没找到人生的最优解

Part 9 漏财，是因为你错失了选择，才会盲目追寻风口

Part 1

漏财，是因为你不明白什么是财富，才会误解“漏”财

财富是对资源的占有

咱们要讲漏财，面临的第一个问题就是：什么叫财？

财富，一个普遍的认知就是钱。

但钱是什么呢？是银行账户上的数字，还是你手里的那一张早已不常用的纸币？

钱只是财的一种表现。我账户上有一百万，这是我拥有一百万财富的表现。手里有一百的纸币，这也是我拥有一百块钱的表现。

财富为什么要用钱来表现呢？因为我们有交换的需要。我们无法直接用劳动满足我们的所有需要，所以就先用自己的劳动换来钱，比如在公司里打工，从老板手里换来工资，然后再用钱去换来漂亮的衣服和一趟期待已久的旅行。

这么来看，钱是什么？钱就只是帮助财富进行交换的一种工具罢了。

为什么我们赚到了钱，却越来越不快乐？

资源是永远无法满足需求的

这个世界上资源永远是不够用的，每个人都在努力占有更多的资源。

为什么这么说呢？

小时候，我对幸福人生的期待就是好看的衣服、更多的玩具。我以为，当自己长大挣钱了，就能拥有自己想要的所有东西，到那时候，这个世界就是完美无瑕的，自己的生活就可以无欲无求了。

长大之后，我觉得，还需要赚到足够的钱，买房买车，养家糊口没压力，想买什么就买，不想工作的时候就辞职在家，或是到处旅游。这样的日子，想想都觉得很爽。

于是我们很轻率就得出这样的结论：只要赚到大钱，我们就能过得很快乐。

但是，真的赚到钱了，是不是就快乐了呢？我不知道，我只能猜测。有位具备随时飞去伦敦喂鸽子的财力的人，也坦承自己用了很多年才从抑郁症中摆脱出来。

你看，越长大，能力越大，我们的欲望越多，永远没有满足的尽头。

所以“只要我得到什么什么，我就会很满足”的想法，本质上都是一种妄想、妄念。因为得到之后，我们就会发现，满足感会特别短暂，甚至只是一瞬间，很快便没有了。而接下来，我们又会产生新的、更大的欲望。

这也是为什么很多人都说，自己以前月入五六千的时候，虽然日子过得紧巴巴，周末想吃顿好的犒劳自己都得纠结半天，但每天都过得很充实、很开心；而现在月入四五万，车也买了，房也供了，却感受不到以前那种快乐了。

对于整个社会而言，不管经济多么发达，物质供应多么丰富，我们始终都会有新的需求涌现。

也就是说，不管是社会，还是个人，我们拥有的资源永远都无法满足我们的期待。

资源无法满足人民的需求，导致了古往今来，不管是古人还是今人，每天都为它而烦恼。

唐代大诗人杜甫在《茅屋为秋风所破歌》里呼喊：“安得广厦千万间，大庇天下寒士俱欢颜，风雨不动安如山。”广厦，就是宽敞的房子。这么多年过去了，今天许多来城市打拼的年轻人，仍然在为住上宽敞明亮的房子而苦苦劳作。对于许多家庭来说，他们往往需要省吃俭用很多年，才能买得起这样的房子。可见，这“广厦”是持续稀缺的资源。

为什么我们努力了那么多年，依然无法解决资源的稀缺问题呢？

人类的欲望无限，而资源有限，所以才有了对资源的争夺。

印度圣雄甘地曾说：“地球的资源足够满足人类的生存，但永远满足不了人类的欲望。”可以说，人类几千年的文明史，从本质上讲，就是一部资源的争夺史。

从土地、水源、矿产等自然资源，到人口、技术、教育、医疗等社会资源，我们能想到的、能看到的每一样有价值的东西，都是被争夺的资源，没有例外。

历史上，发生过无数次大大小小的战争，几乎没有哪一场战争，不是为了争夺资源而发生的。

国与国之间、阶层与阶层之间、组织与组织之间、人与人之间，处处都在进行着资源的争夺。只不过在和平时期，我们称这种资源争夺为“竞争”。

富豪为什么会越来越有钱？

资源越聚拢，财富就越集中

曾经的世界首富比尔·盖茨，外界计算他的财富有几千亿美元，但是他拥有的是账户里的这个数字吗？不是，是他对资源的占有。可能大家没有注意的是，随着新财富的涌现，比尔·盖茨早就已经不再是世界首富了，而是变成了美国最大的地主。

过去十年里，比尔·盖茨和前妻梅琳达在美国19个州购买了超过24.2万英亩（约979.3平方公里）的农田，以及2.7万英亩（约109.2平方公里）的游憩用地和过渡用地，总面积近27万英亩（约

1 092.7平方公里），接近整个纽约市的总和。至此，比尔·盖茨成为美国最大的私人农田所有者。

你看，不管是金钱，还是土地，都是资源，都是财富。虽然比尔·盖茨的账面现金少了，但他占用资源的形式变得更多了。

资源的多少，需要进行衡量。那么钱，就是一个最主要的衡量手段。

我们为什么会愿意购买奢侈品？奢侈品带来的是信任，是质量的保证，是时尚的保证，你不需要再去挑选、验证，这就是品牌资源在人心智中的占位。

如果我们去买房子，会想要买什么样的房子？面积大，位置好，设施先进。

大家为什么会有这些要求？因为这些都代表着更多的社会资源的占用：面积大，是占用了更多的空间；位置好，是占用了稀缺的地段；设施先进，是占用了现代的新型资源。

你看，我们所有的行为，都是在有意无意地追求对资源的更多占用。

整个社会中，资源是多种多样的，你看仅仅一个房子的资源占用，就包含了空间资源、地段资源、建筑资源等等。如何来衡量你占用了多少资源呢？一个简单快捷的方法就是：以金钱为尺度。

通过价格，就能体现出大家对资源占用的价值评估。

大家都想要占用的资源，价格自然就会上涨；这类资源太多了，大家的需求降低了，那么这个资源的价格就会下跌。

这么看来，上海滨江的豪宅，为什么动不动就售价过亿，也就能够理解了吧。

上海的房子与山区的房子价值不同，是因为上海的房子更优质吗？外滩那些售价过亿的房子，实际上造价不过百万而已，为什么价值那么高，是住宿需求吗？是对周边相关资源的占用价值，是便利的交通，是对周边设施的使用权，是方便找到高薪工作的机会，是漂亮的环境。这些并不附加在房子之内，但是却因这个房子的所有权而获得，这就是资源的占用。

我们大家都认为上海房价贵，贵在哪里？就贵在资源上。那么这个资源到底应该值多少钱呢？我身边几乎所有人都说“北京、上海房价太贵了，买不起”。但是为什么价格虽然偶有波动，总体还是一直在上涨呢？

房价到底由谁决定？换句话说，上海的房价到底应该有多高呢？

很多人以为这应该是由上海的平均收入水平来决定。然而，由于上海房源的稀缺性，没有办法保证所有在上海工作的人都能买到房子。因此，并不是由所有上海居民的收入来定，而是那些有资格、有意愿、有能力占有这些资源的人，他们的购买意愿才决定了上海的房价。

一线城市资源齐全、交通便利，如果买得起，全国人民肯定都愿意在北京、上海置办一套房子。问题是，北京、上海的房子是稀缺的，比如上海常住人口约2 500万人，截至2024年住宅房数量约为840.6万套。可见，上海住房的供需是非常紧张的。在这种情况下，上海的房价由谁来决定呢？

根据统计，上海2023年成交新房8万套、二手房18万套，一共26万套。也就是说，价格就是由这26万套房子的买家决定的，只要他们接受这个价格，那么交易就达成了。其他2 000多万人再觉得价格贵、不值得，其实都不影响价格的形成。

这也解释了，在房地产市场火爆的时候，国家为什么会通过限购来控制房价上涨。不限购的话，全国的有钱人都来北京、上海买房，他们对价格的接受度高，房价自然水涨船高。限购约束了这些人的购房资格，对房价接受度更低的买家才有机会进入购房的序列，从而抑制房价的上涨速度。

所以大家可以发现，即使现在房价上涨预期不再，各地的限购政策都基本上取消，但相较三、四线城市，上海的房价依然很高。正是因为这个，只要上海不停地吸纳优秀的年轻人，底就会不停抬高。如果放开限购，那就是全国范围来决定上海房价。

同理，那些没有资源优势，没有人员集聚的地方，房价就会跌。

而拥有的资源越多，就越有机会获取更多的资源，这也是贫富差距越来越大的主要原因。

隶属于巴黎经济学院的世界不平等实验室发布的《2022年世界不平等报告》显示，过去20年里，在全球收入最高的10%人群和收

入位于底层的50%人群之间，收入差距几乎翻了一番。

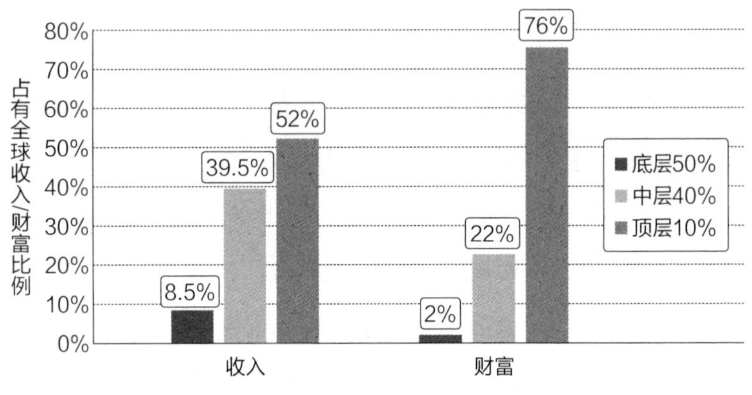

2021年全球收入和财富不平等状况

上图来源于《2022年世界不平等报告》：按购买力平价（PPP）计算，全世界最底层的50%人口一共占有全球收入的8.5%，全球财富的2%；全球顶层的10%人群一共占有全球收入的52%和私人财富的76%。

即使是在全球经济陷入低迷的新冠疫情期间，两极分化不仅没有缩小，甚至还有加大的趋势。慈善机构乐施会发布调查报告称：新冠疫情期间，全球99%的人收入减少，1.6亿人陷入贫困；而全球十大富豪拥有的财富在过去两年翻了一番，从7 000亿美元跃升至1.5万亿美元，是全球最贫穷的31亿人拥有财富总和的6倍。

在《21世纪资本论》这本书里，作者皮凯蒂指出，贫富两极分化的根本原因，是资本回报率总是大于劳动回报率。资本会倾向于流动到已经聚集的资本上，而不是为劳动增值。

资本，其实就是资源的表现形式。富豪可以通过资源的利用来获得资本回报，变得越来越有钱。而穷人只能用自己的劳动来创造财富，几乎不可能通过劳动来追赶上有钱人。这是人类社会的规律，也是人性使然。

这也是财富增长过程中必然导致的结果：财富和收入之间的离散度在加大，劳动创造的收入增长远远赶不上资产创造的财富增长，“人挣钱”远远赶不上“钱生钱”。

这个在经济学上叫作马太效应，它反映出一种富的更富、穷的更穷的两极分化的社会现象，其名称来源于圣经《新约·马太福音》中的一则寓言：“凡有的，还要加给他，叫他多余；没有的，连他所有的也要夺过来。”

巧合的是，在中国古代，《道德经》就已经对这一规律有了清晰的认识：“天之道，损有余而补不足。人之道则不然，损不足以奉有余。”意思就是：自然规律是减少有余的，补给不足的，而社会的法则却是减少不足的来奉献给多余的。

网红主播凭啥张张嘴就能年入过亿？

占据稀缺资源是获得财富的关键因素

传统的资源就是土地。从女娲用土造人的神话，到落叶归根、故土难离、土生土长等成语；从民间祭祀的土地庙到《流浪地球》中带着地球一起走的“中国式浪漫”……在中国人的文化中，处处可见土地的印记。可以说，“乡土”是中国文化的重要底色。

这种“恋土情结”被代代传承，鲜明持久，也深深影响了每个中国人的内心和行为。因此，除了比尔·盖茨这些成名已久的富豪们喜好买地外，很多中国新兴富豪也把买地作为占有资源的重要渠道。

前段时间，一则关于中国富豪陈天桥在美国购买大量土地的新闻引起了轰动。据美国《土地报告》杂志2024年1月更新的全美“TOP100土地拥有者”榜单，他目前拥有美国俄勒冈州19.8万英亩（约800平方公里）的土地，成为美国排名第82位的“大地主”，也是美国第二大的外籍“地主”。

陈天桥是盛大游戏的创始人，被称为中国的“网游教父”。公开资料显示，2001年，由陈天桥创办的盛大网络独家代理的网络游戏《传奇》大受欢迎。2008年，盛大游戏成立，并于2009年在美国纳斯达克上市。盛大游戏官网显示，这是当年美国规模最大的IPO（首次公开募股）案。而盛大创始人陈天桥也凭此一度成为中国内地首富。目前，陈天桥实控45家企业，大部分涉足金融投资、资产管理，少部分为IT、房地产等行业。

通过遍布全球的投资版图，二十多年来，陈天桥穿越多轮经济周期，牢牢掌握着巨大的财富，成为“胡润百富榜”中一直未曾跌落的“老面孔”。2023年度，陈天桥家族以530亿元人民币的身家位列“胡润百富榜”第77名，排名同比提升十个位次。

除了土地，还有什么资源？随着工业革命的兴起，石油在当今社会已经成为与土地比肩的稀缺资源，因此在贫瘠的沙漠里造就了新的富豪——沙特阿拉伯王室。

沙特阿拉伯王室被称作“中东第一家族”，这个因石油而兴起的家族，统治着沙特阿拉伯，并且凭借居世界首位的石油储量和产量，成为世界上最为富裕的家族之一。

沙特阿拉伯统一于1932年。一开始，这个国家相当贫困落后。沙特阿拉伯坐落于沙漠之中，资源相当匮乏，想要进行各方面的建设可以说是相当之艰难。不过，在1938年，沙特阿拉伯经过科学性的探测后发现，原来在那片沙漠之下，储藏有大量的石油和天然气资源。沙特阿拉伯至今为止被发现的石油储量有363.5亿吨，相当于全世界石油储量的16%，这是一个惊人的数字。除此之外，沙特阿拉伯的天然气储量也达到了8.2万亿立方米，在世界上位列第六。沙特阿拉伯也凭借着这些资源拥有了大量的财富，成为全球最为富裕的国家之一。

新的时代，又涌现了什么新的资源？

人的注意力，也是一种资源，这正是现在大家所争抢的流量。

流量是网络时代获取注意力的数据表现形式。和农业社会的土地、工业社会的能源一样，流量（数据）是信息社会的核心和稀缺资源，在当下已被人们视为与土地、劳动力、资本、技术并列的五大生产要素之一。流量具体表现为搜索量、点击量、排行榜名次、曝光率、评论数、转发量、粉丝活跃度、收藏量、点赞数、交易量等，类似声望和人气。随着移动媒体、大数据、人工智能、云计算、物联网等媒介技术的迅猛发展，当代影视产业的竞争很大程度上已成为流量争夺战，因此就有了“引流”“蹭流量”“自带流量”“流量饥渴”“流量劫掠”“顶流”“网红”等说法。

你可能听说过“疯狂小杨哥”，一个在抖音上拥有过亿粉丝的头部主播。他以卖货、送礼、搞笑为主要内容，吸引了无数年轻人的关注和喜爱。他的直播间经常出现明星、大牌、网红，他售卖的产品也经常被抢购一空。据媒体报道，小杨哥2023年直播带货产值超过300亿元，经营服务收入可达15亿元，纳税预计超过4.5亿元。

为什么仅靠一个人直播就能卖出相当于好几个上市公司体量的商品？因为这个人掌握了当今非常重要的资源——人的关注度。过亿粉丝的关注，对小杨哥来说就是最大的流量资源。

明白这个道理，也就知道在直播间怒怼粉丝的李佳琦哪儿来的底气了，因为靠着巨大的关注度，他早已在“2021年度中国（大陆地区）网络主播年度净收入百强榜”中，以年度净收入18.553亿元高居榜首。

人们都说勤劳致富，为啥我还没发财？

财富是对认知的补偿，而不是对勤奋的奖赏

这是一个社会高度分工的时代，没有人可以创造自己需要的所有资源，只能通过自己所擅长的工作，提供社会需要的资源，然后才能换来自己想要的资源。

你想要拥有资源，你就必须贡献资源，而且是要贡献这个社会需要的资源。你贡献的资源越急需，你能换来的资源就越多。

这就是为什么同样都是一天工作8个小时，程序员年薪能过百万，而保洁阿姨一年只能拿到几万块钱。

因为，程序员为社会贡献的，是网络时代急需的编码技术，能提供这类贡献的人，远远无法满足需要。而保洁阿姨提供的清洁服务，并不是那么稀缺的资源和技能，能换到的金钱自然就少。

为什么为社会贡献资源就能获得财富呢？因为当你为社会贡献的多，特别是超过了你从社会里占用的资源，这个盈余，就是社会对你的亏欠。社会给你打个“欠条”，凭着这个“欠条”，你就可以在将来从社会里获得等价的资源。这个“欠条理论”是我最近听樊登老师授课时学到的，他对此还做了比较详尽的解释。

这个“欠条”就是财富，不管是你银行账户上的数字，还是你买的房子、珠宝等资产，都是你拥有社会资源的见证。它衡量的是你对社会贡献的多寡。你可以凭着这个“欠条”，从社会里换得你

想要的资源。

就如同前文所说，我们本质上追求的不是金钱本身，而是对资源的占有。

金钱能换来资源，所以我们希望获得更多钱。但是不要本末倒置了，没有资源的话，钱不过只是一个数字、一张纸罢了。

对于我们普通老百姓而言，如果想要获得更多的钱，就要考虑如何为社会贡献更急需、更有价值的资源。

勤劳，是为这个世界贡献资源的方式之一，但是勤劳的人多了，劳动力这一资源的重要性也就变低了。

中国近几十年经济持续快速增长已经成为一个世界奇迹。在探讨中国为什么能够创造经济增长奇迹的时候，很多人认为“人口红利”是一个至关重要的因素，“人口红利”也因此和中国经济持续增长的前景联系在了一起。

什么叫“人口红利”呢？它是指一个国家的劳动年龄人口占总人口比重较大，抚养率比较低，为经济发展创造了有利的人口条件，整个国家的经济呈高储蓄、高投资和高增长的局面。也就是说，在改革开放的起步阶段，凭借劳动力资源丰富和低成本优势，我国成为世界工厂和世界经济增长的引擎，中国大部分人，也通过“人口红利”，使自己的生活品质得到了极大提升。绝大多数普通人，不会再像先辈们那么辛苦，我们不但能吃饱饭了，物质差距也不再像以前那么巨大，富人开宾利，普通人至少能开吉利……

但是“人口红利”的背后，是劳动力多、劳动回报率比较低的现实，这也造成了老龄化过程中“未富先老”的情况。

我们都说勤劳致富，与懒惰相比，勤劳确实能够带来更高的收入和更惬意的生活。但勤劳与努力，只是跟致富有关联，而不是因果。勤劳未必能致富，努力也未必有收益。

勤奋，需要找到值得你勤奋的赛道，让自己的勤奋不仅能换来回报，还能换来未来的可能性。当勤奋的投入没有对自己的技能和经验产生积累时，就进入了瓶颈期，这时所有的勤奋都非常低效，往往变成了单纯消耗自己以换取薪水的行为。

而且，勤劳能够直接带来的生活质量提升是有限的，因为勤劳是对资源的消耗，随着年龄的增加，人能付出的体力劳动是越来越少的。而脑力劳动，由于每一次实践都能带来经验的累积，却能实现效率的提升。

这也是为什么，有些工作越老收入越低，而有些工作越老越吃香。

从这个意义上来看，想要实现资源长期持久的回报，唯一的方式，就是努力去提供那些可以实现资源累积而不是消耗，同时又是这个社会更急需、更有价值的资源和服务。

实际上，不管我们有没有听说过这个逻辑，我们都自觉或不自觉地在这个逻辑里运转了。我们考大学都想要选一个好专业，正是希望获得这个社会更稀缺的技能；我们毕业之后想进大厂工作，是想要在这个社会中最能创造价值的岗位上贡献自己的力量；我们持续学习，也是为了不断增加自己的技能储备，让自己的价值可以重复使用并提升，为社会创造更多价值，从而获得更大的回报。

有一部纪录片叫《隐姓亿万富翁》（*Undercover Billionaire*），讲的是一位白手起家的亿万富豪葛伦·史登斯参加了一场为期3个月的豪赌：他将到一个没有人脉、没有资源的陌生城市，从零开始创立一家价值百万的公司。如果挑战失败，他将拿出百万美元分给在创业过程中帮助他的人。而出发之前，他只有一辆破卡车和100美元的启动资金。

这个挑战成功了吗？与很多励志片不同，这个挑战的最终结局是失败的。但是他在90天内所创造的企业，估值已经达到77万美元了。

为什么他能够在90天内从无到有创造一家估值达77万美元的企业呢？史登斯在结语中说："永远不要将付出的努力和产生的结果混淆，只有当努力带来进步时，才能赋予其真正的意义。"

我非常推荐大家去看一看这部纪录片，通过他一百美元起步创业所经历的一切，你一定可以发现，史登斯成为亿万富翁绝对不是偶然。他对于财富的认知、坚持和努力，印证了一个道理：财富是对认知的补偿，而不是对勤奋的奖赏。只要掌握了认知的优势，哪怕你破产了资产归零，也一定能东山再起。

认知是什么呢？认知是你对世界的理解，包括知识、技能和思维模式。没有足够的认知，就无法看到更多机会，做出更好的决策。因此，想要赚到更多的钱，关键在于提升认知。

怎样才能提高认知呢？可以通过阅读、学习、思考、实践等方式实现，你的知识储备越多，思考越多越全面，能看到的事情就越全面，做出的判断也越准确。

这就是学习的重要性。持续学习，并不能保证你大富大贵，但这是最快了解世界多样性、复杂性，并且成本最低的方法，它能提高你的下限。你没想通的问题，肯定已经有人系统性地想过并在书籍中表述出来了。

持续学习说起来容易，做起来却很难，甚至越来越多的人放弃了学习，与这个变化的世界格格不入。那些固执守旧的人，未必一开始就是如此，只是因为终生学习太难了，而且随着年龄的增长还会越来越难。

除了体力和脑力的原因外，更主要的原因是，随着我们的阅历、能力的提升和成熟，学习新知识需要打破的成见也累积得越来越多。当学习意味着需要对自己几十年来成形的三观进行颠覆、重组时，这已经不是一个增长知识那么简单的问题了。

特别是，学了越多知识的人，越容易陷入一种“知识的幻觉”（illusion of knowledge），也就是对于新生的事物，往往在简单了解之后，就利用自己已有的逻辑快速得出一个表面的结论，然后就认为自己已经掌握了这个知识。

更有甚者，还会出现一种叫作邓宁-克鲁格效应（Dunning-Kruger effect）的认知偏差现象。这种现象指的是能力欠缺的人，在自己欠缺能力的基础上得出自己认为正确但其实错误的结论，但他们往往沉浸在自我营造的虚幻的优势之中，常常高估自己的认知水平，无法接受与自己观点有异的正确结论。

所以霍金认为："知识最大的敌人不是无知，而是知识的幻觉。"（The greatest enemy of knowledge is not ignorance, it is the illusion of knowledge.）

大家都说，长大后没有小时候学东西那么快了。为什么？因为知识的金字塔里，最底下的几层总是最容易搭建的，越高则越难。当我们以成年人的思维，想要为自己已经搭建完成的知识金字塔再放几块砖进去，是何等之难？唯有抽取几块固有的砖，才能替换新的进去。这种知识的更新无异于伤筋动骨，当然难了。

普通人吸收新知识的黄金十年是20—30岁。在这个黄金十年里，我们不仅要完成事业的发展和财富的积累，还要奠定一生的价值观和认知世界的基础。

所以，在这个年纪的人，一定要从事能够让自己知识成长、经验丰富、能力增强、人脉丰实的工作，而不是依靠体力换取报酬的工作。你在最好的年纪去出售自己的体力换取报酬，那么等你到了中年，体力不及年轻人的时候，你该如何自处？

知名的金融学专家陈志武教授有一本书《为什么中国人勤劳而

不富有》。这本书从制度上回答了为什么中国人勤劳而不富有的问题，他还提到自己曾对女儿说过的一句话：年轻时期重点配置人力资本、学习知识、积累技能，中年时期重点把人力资本转换成金融资本，到50岁后就主要靠金融资本的投资回报生活。

2024年4月，阿里巴巴董事会主席、联合创始人蔡崇信在接受专访时，提出了对年轻人的建议：学习一两种非常基本的技能，这样你就能从其他人中脱颖而出，成为前10%的人。你必须能够告诉别人，我是某件事的专家，这就是你获得尊重的方式。

举个例子，同样是高中毕业出来养家糊口，你可以去开网约车，送外卖，但你也可以去药店从营业员干起，一边做事，一边学习，争取考取执业药师资格证书，然后争取去做店长。假以时日，你在医药知识领域就有一席之地，而不必风里来雨里去，拎着箱子满街跑了。

没有个人资本积累的工作，往往门槛很低，干不长久。所以，学习在我们一生当中都是必要的。学习带来的变化是缓慢的，但是成效却是深入到意念之中的。当你把学习变成一种习惯，你就会始终保持对知识开放、谦逊的心态，世界也才会在你眼前变得越来越美好。

李彦宏说程序员将不存在了，人工智能会让哪些人失业？

创造力越个性化越不会过时

近年来，“中产焦虑”成为一个热词。中产为什么会焦虑？因为其财富来自国家发展的红利而非个人的能力，他们拥有的财富与其认知和实践能力不匹配。由俭入奢易，由奢入俭难。放弃现在拥有的一切心不甘情不愿，要掌控却有心无力，剩下的唯有焦虑。

在经济转型的大背景下，多变与不确定已成为常态，没有学习和提高认知的计划和行动，更没有接纳失败的勇气和信心，焦虑就是必然的状态。

时代的发展带给我们更多机会，但是也带来了更大的危机。随着AI时代的到来，我们该如何学习新知识，该学习哪些新知识，才能让我们在新时代中不被淘汰，甚至占有更多资源呢？

2024年2月16日凌晨（美国时间2月15日），OpenAI发布了“文生视频”（Text-to-video）的工具Sora。是的，Sora，这个名字可能取自日语“天空”的AI视频生成模型，用它生成的堪比电影大片的视频质量，震撼了世界。全世界无数的人，用无数种语言，在社交媒体上惊呼：现实，不存在了。

Sora的出现，可能意味着通用人工智能（AGI）的加速到来。

根据奥美的预测，到2030年，体力劳动和手工技能的总工作时间，将减少14%。许多技艺娴熟的“工蜂式劳动力”，将再无用武之地。

但同时，使用技术技能的工作时间，将增加55%。

那么，对于每个普通人，关于Sora的到来，关于人工智能的加速发展，我们又该做出怎样的准备？

我们先回顾一下历史吧。

18世纪中叶，蒸汽机在不断改进中投入使用，极大提高了生产率，第一次工业革命开启。但是，这也意味着传统手工工人失去工作。工人们认为是机器抢走了他们的工作，于是他们开始打砸机器。但是，这并没有阻挡第一次工业革命的进程。因为生产率的提高，商品价格下降，出现了更多的消费，从而拉动了经济增长。因为经济增长，需求增加，反而出现了更多新的职位。

20世纪50年代，集装箱运输飞速发展，货物运输的效率大大提高。这也意味着传统装卸工失去工作，码头工人举行了长达数周的罢工。但是，这并没有影响集装箱改变世界。因为集装箱的出现，全球贸易开始高速发展，大量品牌把商品运到中国生产，各种从来没有过的工作岗位被创造出来。甚至可以说，没有集装箱，就没有中国制造这几十年的腾飞。

所以，不要担心人工智能会取代你。取代你的不是人工智能，而是比你更会用人工智能的人。

很多人都不能接受，世界一直在变，而且变化的速度越来越快。特别是随着AI时代的来临，我们原本所拥有的具有稀缺性的知识，变得越来越不稀缺。我们每个人都不能停滞不前，而应该随世界同频变化，才能一直为这个社会提供急缺的资源。

以前，我们还能通过知识和实践的累积，来获得独特的能力。但是，随着网络时代的发展，一般性的知识都可以通过网络搜索来获得，特别是ChatGPT出来后，很多非常专业的知识也能被组织起来。尤其是GPT4出现之后，让人类知识的分层更加明显。一个最基本的现实是：平常要绞尽脑汁的文档报告、复盘总结、PPT制作，AI能帮忙以秒为单位完成；曾经需要费尽心血才能完成的图片设计、视频剪辑，AI可以轻轻松松一键生成。

对于各大公司里光鲜亮丽的“白领”来说，赖以生存的技能被AI轻松替代。这时候很多人都还没明白过来，即使是看起来掌握了很多知识的“白领”，跟当年即将在纺织革命中被机器所替代的“纺织女工”相比并无两样。

2024年2月，英伟达创始人黄仁勋在阿联酋迪拜召开的“世界政府峰会”上表示：“在过去的10～15年中，几乎每个站在这样一个舞台上的人都会告诉你，孩子学习计算机科学是至关重要的。每个人都应该学会如何编程。实际上完全相反。我们的工作是创建计算技术，使得没有人需要编程，编程语言是人类的。世界上的每个人现在都是程序员。”

2024年3月，为硅谷高科技企业输送无数人才而备受追捧的南加州大学宣布，将在2024年秋季学期关闭计算机领域的6个硕士研究生专业，只保留4个。

同一月份，百度创始人、董事长李彦宏在接受央视《对话》节目采访的时候也说道：“以后不会存在‘程序员’这种职业了，因为只要会说话，人人都会具备‘程序员’的能力。”

真的是这样吗？作为当前收入最高的职业，“程序员”真的就要失业了吗？

可以确定的是，当前ChatGPT确实已经可以应用于代码生成，通过输入关键词、选择编程语言和生成代码等步骤，我们就能够直接与ChatGPT交互，它完全可以根据需求和指令生成符合要求的代码。也就是说，在写代码这个环节，“程序员”的作用真的可以被替代。

但是，只要我们还存在希望人工智能实现的个性需求，那么人的“需求表达”就会一直存在。虽然李彦宏说，只要会说话，就能具备“程序员”的能力，但是如果我们想要利用AI创造一个软件系统，“会说话”就不只是简单能交流的意思了，而是要能够清晰、准确、完整地表达自己的诉求。在这一点上，很大部分的人并不能做到。因为，即使是简单的与AI的沟通，都需要编写清晰、明确的提示词（Prompt），准确表达自己的意图和问题，才能得到系统更精确的回答。而要利用AI进行更深层次的创造，不仅需要具备优秀的表达能力、逻辑思维能力和总结分析能力，在涉及一些专业领域的时候，还需要有深刻的认知和独特的想法，才能给予AI系统关于你要设计软件的精准需求。也只有这样，AI才能帮助你创造出与众不同的软件，从而实现创新的价值。

由此可见，什么样的能力会确保你在AI时代不被替代呢？

ChatGPT正在成为个人能力的试金石，当一个人在自己的垂直领域无法被ChatGPT所覆盖时，就说明他所掌握的知识已经延伸到了非常个性化的层面，不再是普遍性的通识，而是具有个人化特征的知识体系。

这个分界，便是外行和内行在短时间内无法逾越的鸿沟，它不是那种考试前反复刷题以期获得满分的知识。这种能力建立在那些考题永远无法命中的经验角落，是那些我们积累了很多，却没有机会被抽中的题目，能力就是涌现于这种积累之上。

论已知的能力，我们的知识量可能永远也比不过ChatGPT，但人有一种可以不断抵达未知的能力，就像一名作家在创作前也不知道自己会写出来什么样的东西。它需要调动我们的情感，赋予我们一种超越已有知识的创造力。就是这样的特性，让人可以避开所有机械和模仿的痕迹，造就一种完全有别于任何算法的规则。

而一个人的知识越是经历过千锤百炼，这种能力就会被体现得越独特、越稀缺。这种能力架构高度依赖我们的情感功能，是AI几乎不可能模仿的部分，也是人和AI永远可以相互补充的地方。我们需要确保自己的所有能力不都是可以被AI替代的那种水平，而是处于那种在能力上不会泯然于众，在个性上超然于AI的状态。

现实中，这种独特的人是很少见的。对于我们普通人而言，最重要的还是积极面对可能到来的技术革命，搞清楚自己工作的独特价值到底在哪里，把自己的工作跟新技术进行结合，成为运用新技术的人，也就是机器出现后从手工工人变成第一批会操作机器的人，以及集装箱出现后从码头搬运工变成第一批会开叉车的人。

比如说，有人做影视制作，把“操作某个剪辑软件”当作自己的工作。所以，当软件更新之后，他可能会特别茫然，因为Sora可以批量生产视频，那他该往哪里去？但仔细想想，他的工作不是必须要操作剪辑软件，而是要生成视频，在这方面，Sora不是最好的助手吗？他应该考虑的，是如何在Sora的帮助下，以更节省体力、资源、时间、财力的方式，把视频生产出来。

所以，当技术革命突然蔓延到你的行业时，你最基本的工作就是学会如何利用这些新兴的技术和工具来提升工作效率，跳出重复劳动怪圈，将更多精力投入到高阶领域。这就要求我们保持开放，主动学习。学习的目的不仅仅是防止自己被淘汰，还是为了乘着新技术的浪潮，冲到被新技术所创造的新兴行业之中去。

鸟儿能在树枝上安心栖息，不是因为对树枝放心，而是相信自己的翅膀。

出行必坐头等舱，这就是漏财吧？

享受资源才是人生的终极追求

理解了“财富是对资源的占有”这个道理，也就理解了什么叫漏财。

漏财，漏的不是金钱，而是资源。如果你的行为是用钱换资源，或者使自己资源增加，甚至是让自己享用了资源，那就都不是漏财；如果使自己资源减少，或者是没有享受到资源，那就都是漏财。

比如，比尔·盖茨花了大笔的金钱，去买了土地，账面上的钱少了，但它只是变成了另一种形式的资源，所以算不上漏财。

大家还可以想一下，花50万读了一个长江商学院的MBA是漏财吗？

我们还是先举个大家都经历过的例子吧。高中毕业，很多农村孩子面临两个选择：是出去打工，还是继续读大学。出去打工，马上就可以有收益，不管是去送外卖、做建筑工，每月月薪可能有1万多；继续读大学，4年没有收入，学费、住宿费加上生活费，平均下来每月可能还要支出1万多。4年毕业后，大学应届毕业生的平均月薪可能还不到1万。这种情况下，你该如何抉择？

我想，大部分人还是会选择去读书。4年没有收入，毕业后拿到的很可能还没有外卖员多，为什么大家会这样选？前不久有个新闻，说美团有7万外卖员学历是硕士研究生。这种情况下，为什么大家还是会选择继续读书呢?

那是因为，我们都知道，虽然当下这个时期，大学生收益可能不如高中生。但是穿越整个人生，大学生比高中生有更多的选择和上升机会，这就是知识带来的资源。

大家都有很明确的认知：随着时间的拉长，大学生的收入会更快地增长，而高中生送外卖的收入却已经达到顶峰，无法实现更快增长。大学生身份所带来的这种确定无疑的增长机会的资源，在大家心中，是远超当下的收入的。

这正如哈佛前校长德里克博克所说：“如果你认为教育的成本太高，试试无知的代价吧！”（If you think education is expensive, try ignorance.）

刚刚我们讲到，从金钱变成了另一种资源，不算是漏财，但是不是只要没有变成别的资源，金钱的流失就是漏财呢?

也未必。大家注意我刚刚提到了一个词：享受资源。

我们占有资源，目的并不是占有，最终还是要享受资源，让资源为我所用。

比如，我拿到5万块钱的年终奖，我决定去旅行犒劳自己一年的辛苦，坐头等舱，住好酒店，最终5万块钱一扫而空。这个算是漏财吗?

享受资源，是一种很个人的行为。我想要坐头等舱，我想要住好酒店，这些事情对我来说很重要，那么这个花费虽然高，但是我享受了我想要享受的，这就不是漏财。

这个跟消费观有关，有人喜欢旅游，有人喜欢追星，这是价值的主观判断，前提是要在自己的能力范围内消费，这就是合理的。

不然我们挣钱，我们希望拥有更多资源，目的是什么呢？

总结来看，我们对财富的占有，体现为两种形式。一种是用来投资，不管是变换成别的资源形式，还是让资源变得更多。投资的钱有涨有跌，看的是回报。

另外一种是用来消费，让占有的资源为自己所用，成为自己生活享受的来源。消费的钱一去不回，看的是享受。

但是同一个习惯，在投资和消费中，会有不同的结果。有的习惯，在投资中是增财，在消费中却是漏财。具体怎么判断，后续我们还会详细分析。

我们要从资源占有这个本源出发，去看待自己的行为习惯，才能更清晰地发现自己日常的行为是在漏财，还是在增财，从而更好地规范自己的习惯，让财随你而来，让生活变得更美好。

Part 2

漏财，是因为你误解了价值的本质，才会买椟还珠

价值是对资源稀缺性的共识

价值是经济学史上最为重要的概念之一，整个经济学的发展从某种程度上可以被认为是解决价值这一概念的问题。不同的经济学家给予了不同的解释，有劳动价值论、边际效用价值论、交换价值论、主观价值论、客观价值论等等。

谁对谁错呢？都有道理。这就是社会科学的特征，当你从不同角度去看待同一个事物，可以得出不同的结论。但归根结底，几乎所有的经济学家，都认同价值与该资源的稀缺性相关。

如何理解稀缺与价值之间的关系呢？我们还是从生活中的实例出发吧。

空气有价值吗？

有的人会说，有价值，因为每个人都离不开它。

那么，对人生存而言这么重要、这么有价值的资源，你愿意出多少钱买呢？

你不愿意，因为空气随处可见，不需要耗费任何成本就可以获得。

如果一个物品，你觉得很有价值，但是又随处可见，触手可得，那么它的价值体现在哪里呢？

如果说空气太多了，没有稀缺性，不需要争抢，所以没有价值，那么到了珠穆朗玛峰上，你又会为空气付出多少钱？

这么说的话，你是不是可以得出一个结论：空气在日常生活中没有价值，因为大家都知道可以随时且毫不费力地获取；但是到了空气稀薄的环境里，大家都需要却无法轻易获得的时候，空气就有了价值。

那么，价值是什么呢？

价值是大家对某一种资源的稀缺性所赋予的共识。

当大家都觉得这个资源，相对于大家的需求来说是稀缺的，它就有了价值；当这个资源相对于大家的需求来说不再稀缺，也就失去了价值。

钻石为什么比水贵？

资源的稀缺性反映在边际上

对于我们的生命而言，可以利用的水资源是有限的，而且是不可或缺的，钻石却并非必不可少，这么来看，钻石与水相比，并没有太大的稀缺性。

那为什么水如此便宜而钻石却如此昂贵？难道水的价值还比不上钻石吗？

其实，这是经济学上困扰了大家很多年的价值悖论。

这个问题，古典经济理论并没能给出很好的解释。直到19世纪70年代，边际效用学派出现，提出了边际主义，才对价值由什么决定给出了答案。

边际主义指出：在价值决策中最重要的是边际，即最后一单位的消费品或是产品。也就是说，决定价值的不是这个产品的总效用，而是它的边际效用。

什么意思呢？也就是说，决定水的价格的不是它的总价值，而是它的边际价值，也就是最后一杯水能够带给我们的效用。在人们居住的大多数地方，水是容易得到的，最后一滴水带给人的效用微不足道，所以它几乎一文不值。

为什么呢？因为一个资源是不是稀缺，并不是看它的总量，而是看它的边际量。也就是说，即使我们不知道水到底有多少，钻石又有多少，但是只要我们知道，想多获得一单位的钻石比多获得一单位的水更难，那么钻石就比水更有价值。

而资源的实用性反而失去了价值评判的意义。

因此，亚当·斯密在《国富论》中指出：没什么东西比水更有用，能用它交换的货物却非常有限；很少的东西就可以换到水。相反，钻石没有什么用处，但可以用它换来大量的货品。

边际理论对于非经济学领域的人而言比较难以理解，其实钻石与水的悖论，反映的也正是中国俗谚中的“物以稀为贵”。所谓的边际效用，也可以理解为稀缺性。

说得直白点，就是水虽然每个人都离不开，但是水资源在地球上太丰富了，对于大部分人来说都可以轻易取得，甚至在山中源源不断，随地可掬，所以没有价值。

反观钻石，因为稀有，多拥有一块给个人带来的边际效益会很高（比如显气质、有品位、撑面子等），因此一块钻石的价格相比水这种必需品，消费者愿意付出的边际成本反而高很多。正是由于这个原因，钻石的价值要远远高于水。

这里就又引出了另外一个问题，这世界上稀少的东西那么多，是不是每一个都像钻石那么有价值呢?

未必。钻石虽然稀少，若我们不赋予它“恒久远”的爱情象征，它就只是一颗闪闪发光的石头而已，谁会拿成千上万的金钱去交换呢? 这种爱情象征，其实就是人们的共识。

稀缺性只有在共识的基础上，才能产生价值。

然而，并不是所有有共识的资源都能长期维持其价值不变。跟钻石一样，郁金香也曾成为人人追捧的金融工具。

16世纪中期，郁金香从土耳其被引入西欧，不久人们开始对这种植物产生了狂热。到17世纪初期，一些珍品卖到了不同寻常的高价，而富人们也竞相在他们的花园中展示最新和最稀有的品种。1635年，一种叫Childer的郁金香品种单株卖到了1 615弗罗林（florins，荷兰货币单位）。

这样一笔钱在17世纪早期荷兰的经济中是什么价值？在当时4头公牛（与一辆拖车等值）只要花480弗罗林，而1 000磅（约454公斤）奶酪也只需120弗罗林。

可是，郁金香的价格还是继续上涨。第二年，一株稀有品种的郁金香（当时的荷兰全境只有两株）以4 600弗罗林的价格售出。除此以外，购买者还需要额外支付一辆崭新的马车、两匹灰马和一套完整的马具。

就当人们沉浸在郁金香狂热中时，一场大崩溃已经近在眼前。由于卖方突然大量抛售，公众开始陷入恐慌，导致郁金香市场在1637年2月4日突然崩溃。一夜之间，郁金香球茎的价格一泻千里。

虽然荷兰政府发出紧急声明，认为郁金香球茎价格无理由下跌，劝告市民停止抛售，并试图以合同价格的10%来了结所有的合同，但这些努力毫无用处。

一个星期后，郁金香的价格已平均下跌了90%，而那些普通的品种甚至不如一颗洋葱的售价。绝望之中，人们纷纷涌向法院，希望能够借助法律的力量挽回损失。但在1637年4月，荷兰政府决定终止所有合同，禁止投机式的郁金香交易，从而彻底击破了这次历史上空前的经济泡沫。

由此可见，所谓的稀缺性是可以被人为制造的，当大家对稀缺性产生了共识，即使本不稀缺的资源也会产生价值。正如有些人所说，傻子的共识也是共识。

但问题是，人不会永远傻下去，这种价值是不可持续的，当人们对稀缺性的认知逐步回归真实，在某一个时间点，稀缺性的泡沫被戳破，所支撑的价值也会灰飞烟灭。

黄金为什么是延续5000年的泡沫？

价值产生在共识中

为什么稀缺的物品，还需要有共识才能产生价值呢？

实际上，货币的出现，也是遵循了这个规律。

1976年诺贝尔经济学奖得主、货币学派代表人物米尔顿·弗里德曼在《货币的祸害——货币史片段》一书中讲述了一个“石币之岛”的小故事。

一位美国人类学家曾于1903年在太平洋加罗林群岛的雅浦岛居住了几个月。在这个德属殖民地（1899—1919年）小岛上，他发现大约五六千原住岛民，日常使用的货币并不是德国马克或金银，而是一种巨型“石轮”。

这放在近现代是一种难以想象的现象，笨重且无太高附加值的“石轮”居然成了货币。

在这样一个原生态的岛上，由于没有政府及货币当局的干预，巨型“石轮”展现了货币最为底层的基因——稀缺性。

这座岛上不生产金属，更没有金银等贵金属，为了解决交易的问题，岛民们最终选择了巨型“石轮”作为支付货币。

这种货币的材料源于离岛400里远另一个岛上的石灰岩，岛民们将这种石灰岩打制成巨型石币，中间有一个孔，直径从1码（约0.91米）到12码（约10.97米）不等，直径越大，石币的价值（面值）就越大。

由于这种石币巨大而笨重，在交易过程中往往因体积及重量的原因无法搬回家。

但“智慧”的岛民们发明了一种所有权确认制度，石币可保留在原有主人家或在一个公共场所，交易购买者可在石币上画一个符号以表确权，由此石币所有权发生转移，交易完成。

岛民们对这种巨型石币的信仰甚至可以达到忘我的境界，据说岛上有户人家非常富有，其富有的资本竟然是因为这家人有一位传奇先祖，在岛上曾经获得一块大得出奇的石头，并加工成“币”，但在运回本岛的过程中，遭遇风暴“石”沉大海。这家人的先祖回岛后，虽然岛上的所有人都没有看到这块“币”，却依然认可这块巨型“币”的真实购买力，以及这户人家对这块巨型石币的拥有权。

岛民竟然会把一块早已沉入大海的石头当作财富，看起来无法理解，但这也正是因为岛民们对这类石头的价值稀缺性拥有共识。

共识的白话解释就是：它之所以有价值是因为人们认为它有价值。

这也再次印证了我们之前所说的，虽然稀缺性是决定价值的前提，但是如果没有共识，稀缺性也没有意义。

黄金之所以称为世界通用的货币，也正是最鲜明的例子。

黄金是一种非常特殊的金属，特殊在于优秀的抗化学腐蚀和抗变色的属性。距今两千多年的汉代贵族墓，打开之后发现的陪葬品如果是青铜器和铁器，那必然是锈迹斑斑，唯有黄金，依然保有下葬时熠熠生辉、闪闪发亮的样子。

黄金的化学稳定性高，在各种酸碱中都非常稳定，在空气中不氧化也不变色。哪怕在1 000摄氏度以上的高温下，黄金也只是熔化，而不氧化不变色不损耗。这是黄金跟其他金属最大的区别。

黄金同时也比较柔软，易锻造和延展。这些属性叠加在一起，使得黄金成为人类历史上最重要的货币。黄金的使用最早可以追溯到公元前2500年。这就是我们教科书中常说的：“金银天然不是货币，但货币天然是金银。”

古人还需要通过黄金作为货币完成商品互换，现在人们早已不再需要黄金作为交换过程的等价物了。特别是1971年布雷顿森林体系走向终结，美元不再与黄金挂钩，各国之间汇率的依据都是各自法定货币的内在价值，黄金不再作为结算的工具。

然而，黄金价格却从1971年的42美元/盎司一路飙升至1980年1

月的850美元/盎司，十年间价格翻了20倍，2023年更是已经超过了2 000美元/盎司。2024年4月12日，现货黄金首次升至每盎司2 400美元，再创历史新高。

随着黄金价格的不停上涨，社会上对黄金未来走势的热议越来越多。《中国经营报》《华夏时报》等媒体记者来采访我，核心问题就是一个：为什么黄金已经不再是货币工具，价格却还在一直走高呢?

花旗前首席经济学家、英国央行货币政策委员会前外部成员威廉·比特曾尖锐地指出，黄金并没有那么值钱，只不过是“延续了5000年的泡沫”而已。他认为，黄金不同于其他任何商品，唯一和它最像的东西只有比特币等类似的虚拟货币。黄金从地下开采出来，冶炼至一定的纯度，成本是非常昂贵的，而且储存起来成本也很昂贵，这一点和比特币很像。此外，黄金也没有太大的工业用途，其所有的工业用途都有与它类似或更优的替代品。

然而，黄金依然是世界通用的另一种形式的法定货币，它之所以具有价值，是因为人们相信它有。这种对于黄金价值的共识，已经在几千年的历史中，深深地印在了人们的基因里。

莎士比亚在《雅典的泰门》中就这样写道：“黄金真是一尊了不得的神明，即使他住在比猪窝还卑污的庙宇里，也会受人膜拜。”

黄金在世界各地人们心中的共识如此之高，已经使其成为一种天然避险工具。对于普通投资者来说，黄金是最合适的抗通胀、抗风险工具。同时黄金具有流动性强的优势，在资本市场回报率低、不确定性高的背景下，特别是当前美元指数走低的趋势下，黄金价格持续走高也就成为合理现象。

金价与美元指数

甚至，黄金的价值不仅仅存在于老百姓心中，还镌刻在了各国央行的“座右铭”上。据世界黄金协会报告，即使2023年黄金价格暴涨，依然没有拦住各国央行购入的步伐。当年全球央行净购金量（购入量减去卖出量）约1 037吨，仅次于历史最高的2022年（约1 082吨）。其中，中国央行净购金量为225吨，居各国之首，超过全球央行总新增数量的20%。根据中国人民银行公布的数据，截至2024年3月，中国已经连续17个月增持黄金，共计增持1 010万盎司（约286吨），2024年3月末其黄金储备总量为7 274万盎司（约2 062吨），黄金储备估值已经达到1 610.69亿美元，在中国官方储备资产中的占比从2022年10月的3.19%升至2024年3月的4.64%。

这就是共识的力量。

当然，黄金的价格并非只涨不跌，在历史上也曾出现过多次黄金价格的剧跌。因此，即使是凝聚了各国央行和全球老百姓共识的黄金，也存在投资风险。特别是2024年这波上涨之后，金价走势必然会出现回调和反复，大家千万不要轻易“追高”。

正如同我们熟悉的成语“买椟还珠”，珠是大家有共识的价值，而椟再精美，也只是这个人自己认可的价值。所以，在价值判断上，不要只相信自己，还是要遵从大众，不然可就要漏财了。

东方甄选之争：为啥结局是主播上位、CEO 走人？

人的所有痛苦，都源自市场定价和自我定价的冲突

我听过很多人抱怨：“我能力那么强，为公司创造了那么多价值，某某某只是个做某某工作的，凭什么比我的收入高？！”

这正是我们常见的误解，以为自己的能力强，所以价值高。

之前我们说了，价值来源于稀缺性。那么什么样的人，是稀缺的呢？人的稀缺性，体现的是不可替代性。你的工作越不能被轻易替代，你的价值越高。

因此，能力强所以价值高，这是自我定价。但是市场不是这么定价的，市场上认为不可替代性才是价值的来源，一旦市场定价和自我定价产生冲突，就造成了痛苦。

东方甄选“小作文”事件就充分说明了市场定价与自我定价之间的冲突。

第一层冲突，是源于小编的定价冲突。事件起因为2023年12月5日，东方甄选在其账号上发布了一则有关东方甄选吉林行的预热视频，并置顶了“宣传文案出自谁手”的解答评论，称经典小作文多数由文案团队创作，并非全部出自主播（董宇辉）之手。

为了平息小作文风波，董宇辉在直播时与孙东旭谈笑间提到：“自称很了解业务的小编在评论区胡回复，导致很多朋友不舒服，我跟俞老师直接告状了。俞敏洪让我和东方小孙直接沟通，不要太客气，今晚我们非常激烈沟通了，大概喝了好几壶酒。”

然而，这场风波并未因董宇辉以及孙东旭的回应画上句号。东方甄选小编对董宇辉的回应不买账，再次回复称：“本来就憋屈，这次评论区乌烟瘴气，不能忍宇辉昨晚镜头前说小编‘自称很了解业务’‘胡回复’。小编没有‘胡回复’！”

小编随后还仔细列举每一场的小作文创作：吉林、山西、四川、甘肃场的文案均由文案团队独立创作完成；内蒙古篇，董宇辉改动很多；河北场中，由董宇辉提前给想法，小编落实。

我们虽然无法明确知道小编的真实想法，但是从回复中看，小编是有些不满自己的贡献被低估的。

很大的可能是，小编认为东方甄选的带货能力，其实是主播有别于其他主播的文化味，大家因为他们口若悬河的谈吐、工整优美的金句而来，也因此而疯狂下单。而小编，是创造这些“金句”的成员，对于他们来说，可能觉得自己是造成“东方甄选”走红的“金句制造机”，起码也是做出很大贡献的成员之一吧。但是自己的价值并不被认可，不仅没能走向前台，甚至不为人所知，更惨的是也许收入只有几千上万元，与把他们创造的金句读出来的“主播”相比，真是一个天上一个地下。

那么，小编对自我价值的“定价”是合理的吗？董宇辉的“金句”到底有多少比例是小编创造的我们不知道，但是就算真的有一半是小编写的，是否就意味着小编拥有董宇辉一半的价值？

网上“心灵鸡汤”“名言警句”一搜一大把，就算小编真的是“金句制造机”，也并非唯一的创造者，中文世界里有无数人每天都在网上发布各种各样的文章、警句，可见创造“金句”虽然很难，也很能体现一个人的文字水平，但是并非稀缺。

而董宇辉的表达，才是那么多“丈母娘粉”来直播间观看和下单的原因。虽然一开始东方甄选把此定性为“饭圈文化”，号称要抵制，但无法掩盖的事实是，同样的一句话，别人来说，这些粉丝就不会听；董宇辉来说，他们就纷纷叫好。

在这个层面，董宇辉是不可替代的，小编是并不稀缺的。哪怕董宇辉说的每一句话、每一个标点符号都是小编写的，结论仍然只能是：董宇辉的价值，远远大于小编的价值。

第二层冲突，是源于CEO东方小孙的定价冲突。坦白来说，作为东方甄选的CEO，东方小孙的能力是非常强的，年仅32岁就担任新东方CEO，不仅是新东方在线平台的创立者，而且也是东方甄选这个直播平台的创立者。正是他劝说即将辞职的董宇辉留下，一直鼓励董宇辉在直播行业坚持了下来，才最终创造了“东方甄选”的奇迹。在某种程度上甚至可以说，没有东方小孙，不仅没有“东方甄选”，也不会有董宇辉的爆红。

那么，作为CEO的东方小孙，价值比董宇辉大吗?

如果说董宇辉是东方甄选的一员大将，东方小孙就是将将的帅才。看起来帅才比将才更难得，但唯一的问题在于，这个帅才不具有稀缺性。

CEO的才能再强，都有很多职业经理人可以替代。东方小孙走了，还可以花钱聘到类似的人才，但是董宇辉是无法培养、无可取代的。董宇辉才是吸引众多“丈母娘粉”持续下单的源泉，这种不可取代的稀缺价值，才是核心竞争力。

所以，我们才会看到，“小作文”风波的结局，必然只能是东方小孙下、董宇辉上。而新成立的“与辉同行”飙升的关注数、场均观看人数和带货收入，以及董宇辉离开之后“东方甄选”直线下降的数据，也证实了董宇辉对于“东方甄选”的价值。

“丈母娘粉”们带来的泼天富贵，董宇辉能否接住，能否长青？之前已经不乏顶流主播翻车的“前车之鉴”，我们无法预测董宇辉的商业化之路能否一帆风顺，只是，主播个人集中了视频直播企业的绝大部分商业价值，这也是当前众多视频直播企业最大的隐患。由于IP的高度个人化和商业价值集中化特点，当IP拥有者与企业实控权不一致时，这个平台的经营便具备了非常大的不稳定性。当东方甄选将所有成败系于一位主播，对于上市公司来说毕竟是一场巨大的冒险。

在当今的流量时代，这种能力和稀缺性的定价冲突，并不罕见。我曾经遇到过这样一个案例：一个朋友是小红书百万粉丝的达人，还没进行商业化运营，每年零星广告收入50万元。某MCN机构（多频道网络）找到她，许诺可以帮助她实现每年千万的带货收入，但是要求分享五成的收益。这位朋友找到我咨询：该MCN机构的运营值这500万吗？

简单看起来，确实是因为MCN机构可以带来950万的增益，分享一半也不为过。但是，这950万的增益是因为MCN机构运营得好，还是本来她就有百万粉丝只是还没运营？

要看谁更有资格获得更大收益，就要看谁投入的稀缺性价值更大。

我们可以从两个维度来测试：

一是，基于该达人的粉丝量，其他MCN机构进行运营的话能实现多大的增益，又会要求分享多少的收益？如果其他MCN机构基本上都能实现千万的收入，甚至更高，要求的分成更低，说明可以帮助该达人实现同样目标的MCN机构有很多，也就意味着该MCN机构的价值并不稀缺。

另一个维度，如果大部分MCN机构都认为该达人能够轻易实现千万的营收，则意味着该达人本身的粉丝价值就是千万起步，并非是靠着某一个MCN机构才能实现。退一步来问，该MCN机构运营其他百万粉丝的小红书达人，能实现的收入是不是都在千万以上？如果该MCN机构运营别的百万粉丝小红书达人的收入基本上只有百万左右，是不是说明该小红书达人的价值比其他同等规模的达人都要高，更加具有稀缺性？

更有稀缺性的一方，应该获得更大收益。两者相比，这个问题的答案也就不言而喻了。

所以你看，决定价值的并不是谁投入的精力更多、资源更强、贡献更多，而是看谁的投入更有稀缺性，更具有不可或缺性，谁的价值才更大。对于我们每个人来说，如何去获得不可或缺的才能，建立起自己的核心竞争力，才是实现自己价值时最重要的考量。

孙悟空为什么只能当个弼马温？

天大的本事，也要找到修行的道场

如果我们真的具有了非常稀缺的本领，是不是价值就高了，就一定能得到更好的回报了呢？

未必。

很多人都曾抱怨过，自己空有一身本事，却不被重用。为什么呢？因为再稀缺的本事，也要找到适用的平台。

《西游记》里的孙悟空，一个跟斗十万八千里，十万天兵天将都降不住他，能力大不大？可是，为什么他在天宫里只能当个弼马温呢？

他的能力是稀缺的吗？是，如果人人都能一个跟斗十万八千里，那么他也就没什么可骄傲的了，事实上只有他可以。他打败了天宫里所有的武将，可以说武艺超群、无人能敌，这能力还不算稀缺？

只是单有稀缺还不够，还必须适用。他的能力在天宫里是不是有适用的职位？

一个跟头十万八千里有什么用，送信吗？天上的神仙都是上知天文、下知地理，手指一掐还能预知未来，还需要送信吗？你信都没写呢他就已经知道内容了。

那么，战斗力爆表总有用吧？事实上，天宫之中歌舞升平、人间天上其乐融融，根本没有战争。他即使战斗力爆表，空有一身本领，没有仗可打，才会不被玉帝赏识。

这么看来，孙悟空这些本事看起来很厉害，实际上都没有用处。往深处想想，为什么这些本事天上的神仙都不会，是因为他们学不会吗？还是他们本来就知道翻跟斗没用，战斗力太强也没用，所以大家都没去学那么深？

这么来说的话，弼马温一职已经是对孙悟空的厚待了。因为他的本事对玉帝来说，并无用武之地，哪怕是弼马温，也并非非他不可。

玉帝果然就是玉帝，不仅不是看起来那么草包，而且在用人上还真是毒辣。天上神仙都各怀绝技，他能成为神仙的共主，必然是有大智慧的。因为唯一能想到的翻跟斗的用处，就是防止天上的马跑太远追不回来。

不知道很多人是不是也有过这种感觉。比如你特别擅长市场开拓，但在一个已经完成市场圈地的大企业里，市场开拓并不重要，甚至已经无可开拓，重要的是现有关系的维护。这时候你身处其中，市场开拓的才能并不会换来更大的价值，你可能也会觉得憋屈，但是真的是老板没有“慧眼识英才”吗？也有可能是你的才能并无用武之地吧。

你可能觉得委屈、不服，觉得我能力出众，凭什么不被重用。这确实不合理，但是也有一定的道理，因为才能不等于价值，你的才能无处应用也就没有了价值，你不接受就要用自己的方式证明其价值才行。

孙悟空也是如此。他自视甚高，不甘于自己的才能被荒废，于是反出天庭，以为凭自己强大的能力定然可以推翻玉帝，结果被如来佛祖一巴掌压在了山下，从而埋没了五百年。

这里有个题外话，为啥孙悟空一个跟斗十万八千里，还是“翻不出五指山”？

因为佛祖是规则的制定者，能力再强都要受规则约束，他说你翻不出去你就翻不出去。

这个就是我们常说的“制定规则”的重要性。什么样的人才能制定规则呢？那些开拓者，他们“一张白纸画蓝图”地开辟了一个行业，自然也就拥有了划定这个行业的规则的话语权。要想改变规则，那就必须有能力另起炉灶、再谱新章，说起来这也是世界上国与国之间、顶级企业之间较量的最高阶段。

说远了，回到个人身上来，“怀才不遇”应该怎么办？我们继续看孙悟空的例子吧。

孙悟空的才能真正得到发挥是什么时候？是辅佐唐僧西天取经的时候。一路上有九九八十一难，必须有一个人能够挺身而出打败妖魔鬼怪，万一打不赢还需要能一个跟斗翻到各个地方搬救兵。这些急需的才能谁有？孙悟空。

所以，他成为取经队伍里的“大师兄”，最终从弼马温跃升为斗战胜佛。

也就是说，才能只有找到适用的“修行道场”才能体现其价值，最终脱颖而出。

现实中也有一位“孙悟空”，他曾经这么回忆自己的求职经历：“我记得我求职失败了30次。我去申请当警察，一共5个人申请，4个人通过了，我是唯一一个失败的。肯德基来中国的时候，有25个人去应聘，其中24个人获聘，只有一个人没被录用，就是我。我申请了10次哈佛，都被拒绝了。”

他是谁呢？他就是马云。

大家可以想一想，马云这么聪明，这么有智慧，为什么这么多家大企业都不愿意给他机会？

这就是人的价值衡量标准不同的问题。才能只是基础，关键是你的才能要稀缺且适用。只有找到适合自己才能的位置，才能体现出自己更大的价值。

对于我们来说，光抱怨“怀才不遇”并不妥当，正确的做法应该是提高自己的才能，尤其是要提高那些稀缺的才能，并找到其适用的领域。

为什么企业招聘只要“985”的毕业生？

人的价值：资金、资本、资源

每年大学毕业生就业的求职季，总会有这样的新闻：一些名企或互联网大厂招聘条件的第一条就是“985”或者“211”院校毕业。甚至对于那些硕士毕业生来说，条件还进一步收缩，要求第一学历也必须是“985”或者“211”院校的。

这事引起社会的热议，甚至有全国政协委员在“两会”时提案：应打破简单以“985”“211”大学为排序方式的招聘标准。在他看来，按照“985”“211”大学为排序方式来进行招聘，意味着这种教育资源带来的不公平性，将延续至求职者的身上。

可是，为什么年年热议，但企业年年都还是会把这些要求作为招聘的首要条件呢?

因为，求职的大学生群体相当庞大，企业在面试的时候没办法在短时间内通过一两项指标选出最优秀的候选人，只能是先画一条线，把那些身上贴着更容易出人才的标签的人先拣出来，再二次筛查。而能考入“985”或者“211”院校，等于是学校已经替招聘单位进行过一轮筛选，出错概率小了很多。

确实，“双非”院校里也有很多优秀的人才，对他们来说这种做法确实不够公平。但是企业要从“双非”院校的毕业生中筛选出这些难得的优秀者，需要耗费大量的精力和试错成本，对于企业来说，这远不如直接从“985”或者“211”院校里招聘更高效。

这就是我们每个人对外界所展示的自我形象。你身上总有一些东西代表了你过往的人生，你在什么环境下长大，你接受的是什么样的教育，你有过什么样的成绩，知道了这些，我就可以通过分析猜出你是个什么样的人。

你一身刀疤然后跟我说你从小不会打架，你胳膊上文了个“生死有命富贵在天”然后说自己坚信“人定胜天”。不排除有这种可能性，但是谁来弥补企业错信的成本?

这么说确实很残酷，对于“双非”院校里那些勤奋且优秀的学生来说很不公平。但是，我想说的是，这个世界没有绝对的公平，我也是“双非”院校出身，我们能做的就是抓住一切机会，用实力去证明自己。你要是真的优秀，自然会有人看见。

名牌大学的学生，身上自带光环。但是，名牌大学的毕业生跟普通学校的毕业生，当他们同时步入社会时，是不是真的有很大差距？

据说这是一个来自斯坦福大学的实验：斯坦福大学的老师在商学院的课堂上布置了个作业，他把学生们分成三组，给每组学生5美元，然后把他们放出去，看看两个小时之内他们能把5美元变成多少钱。两个小时后，大家回到教室，每个组做三分钟演讲，分享自己是怎么赚到钱的。

如果是你，你会怎么办？

只有5美元的本钱，是不是只能做点小买卖？你想的是不是和我一样，5美元去买一些气球、棒棒糖然后高价卖出，赚个50美元的差价？

但是，这帮人毕竟是斯坦福大学的。他们有人已经意识到，我一个斯坦福大学的学生，做什么赚不到钱？

于是他们压根不考虑5美元，而是开始利用两个小时的时间，有人去做家教，有人去给来参观斯坦福的游客做导游，两个小时赚到200美元。

但真正厉害的，是第三组。他们发现，真正有价值的是后面的三分钟分享，于是他们找到一家猎头公司，用500美元卖掉了这三分钟，让他们用这三分钟讲明白公司使命和价值观，从而有机会招聘到来自斯坦福大学的学生。要知道，这些公司平时可是连斯坦福大学的门都进不来。

为什么第三组能够获得最大的回报呢？

这是因为，一个人的价值体现在三个方面，那就是你拥有的资金、资本和资源。

资金是什么呢？就是你能够拿出来的本钱，本钱越多，能够投入的自然也就越多。

资本是什么呢？其实是你自己。斯坦福大学学生这个身份，以及斯坦福大学所培养他们的思维视野、知识和学习能力，就是他们的资本，如果利用好这些资本，就可以起到事半功倍的作用。

资源又是什么呢？就是你能利用的外部的资金和资本。对于这次作业来说，三分钟的演讲机会，就是斯坦福大学提供给他们的资源。作为斯坦福大学的毕业生，将来他们还会获得社会以及校友资源给予他们的加持，如果能利用好这些资源，显然能起到更大的杠杆作用。

那么我们来看，对于一个人来说，资金、资本、资源又分别意味着什么，对自己的价值又有多大的加成作用呢？

资金往往是制约我们的障碍，因为作为普通人，能够拿出来的资金总是有限的。而且资金能给自己带来的价值也是有限的，一块钱的本钱就只能进一块钱的货，没有办法创造额外的价值。

资本是自身的资源，往往与自己的能力和知识相关。如果自己能够学到更多的知识，那么知识的价值是可以成倍复制的。比如，哪怕是学会简单的短视频制作，这项知识都可以帮你制作出一个短视频，在抖音、小红书、微信等多个平台进行发布。

那么资源呢？理论上外部资源是无限的，只要你有本事化为己用，你的价值就具有了无限倍增长的机会。比如，如果你有号召力让各个主播都为你带货，那么你的销售数据是不是就可以实现指数级增长了？

这就是人的价值所在。选择了什么路径，你就能挣什么钱，过什么生活。

我们这种普通家庭的孩子，没有资金，只有自己这个资本，所以读书才是唯一的出路。

但读书能带给我们的，也只是改变自己贫穷的生活，想要有翻天覆地的变化，就要在资源上下功夫，让外部的资金、资本能够为我所用。

2010年3月，王兴筹备创立美团时，他拥有的资金是从朋友那里借来的100万人民币，用以雇佣程序员和设计师来建设美团的网站和手机应用程序。

但是面对团购市场的激烈竞争和巨大风险，只靠100万元的借款和王兴带领的几个程序员，是没办法实现扩张的，怎么办？

那就只能借助外部资源了。首先是资金。2010年8月，王兴获得了红杉资本1 200万美元的A轮投资；2011年7月，拿到阿里巴巴和红杉资本5 000万美元的B轮融资；2014年5月，美团宣布获得3亿美元的C轮融资，领投机构为泛大西洋资本，红杉资本和阿里巴巴跟投，估值达40亿美元；2015年1月，美团完成D轮总额7亿美元的融资，估值达到70亿美元。

外部源源不断的融资，给美团的扩张带来了极大的底气。但是美团的成功，只是这些资金的作用吗？

事实上，王兴吸引而来的资源还远远不止于此。美团成立之初，他就力邀自己曾经的室友王慧文加盟。正在创办淘房网的王慧文带着团队加入美团，在过去十几年里，逐渐成为知名的美团“二号人物”和“王兴背后的男人”。

此外，美团通过接受腾讯的投资，与当时的巨头腾讯结盟，不仅减少了腾讯下场竞争的可能性，还从中获得了巨大的资源支持，这才拥有了与阿里支持的饿了么对抗的能力。

所以你看，美团的成功，最大的依靠是王兴整合运用外部资源的成功，而整合运用资源的能力，才是一个人价值的最大体现。

我们如何利用资源来成就自己呢？

你的资源就是你周边能聚拢的人、能聚拢的财，这就是你除自己之外的资金和资本，你能聚拢起来，这就是你的资源。

怎么聚拢？靠的是你的魅力。你能吸引别人的投入，是因为你能为别人赋能、能给别人带来价值。只有你能为别人增加价值，别人才愿意跟你一起创造价值。

因此，你的销售技巧、你的沟通能力、你本身技能的普适性，就非常重要了。

如此看来，想要提高自己的价值，路径也就清晰了。

我经常听人抱怨，说想要成功，但是没本钱。常见的说法是："我没钱，所以我没办法赚到很多钱。"这说明他的眼界只看到了资金这个层面，只看到了钱生钱。

还有人说，我想要做，但是我没学过，我不懂、我不会、我不知道怎么做。这起码还看到了资本的层面，知道价值来源于自己的本事。

但是，看到现在相信你也明白了，要提升自己的价值，还要靠资源。

资源从何而来？这其实也正是很多人想要考名校的原因。现在知识的获取已经很便利了，只要你肯学，很多名校的图书馆、课堂都是开放的，甚至很多学校都录制了教授的授课视频放在网上，随时随地可以学习。那么为什么大家都还想要成为名校的一员呢？

因为，除了知识之外，名校能带给你的是它的背书，它拥有的校友资源和社会关系，都是你可以拿来为自己增值的资源。

这正如战国时期思想家、文学家荀子的《劝学》中所说："君子性非异也，善假于物也。"

Part 3

漏财，是因为你陷入了价格陷阱，才会迷失“钱”途

价格是供求关系的反映

北京和上海的房价，为什么会高到老百姓一辈子的收入都买不起？

春节后三亚返程的机票涨到一万多一张，为什么还是买不到？

大家都在消费降级，为什么奢侈品却年年都在涨价？

关于价格，我们总是会有很多疑惑。按照我们在书上学到的知识，价格是围绕价值上下波动的。可为什么很多时候，我们会发现价格远远偏离了我们认可的价值呢？

三亚的机票凭什么“去时百元，回时过万”？

哪怕免费的物品，也会因为被疯抢让你消费不起

最近有网友在春运高速堵车时，拍到一个当地村民背着装满方便面的箩筐，手拎着开水壶在高速路上卖方便面，而这一桶泡好的

方便面的价格竟然是20元。

平时随处可见、价格不过就是三五块钱的泡面，为什么从3块钱涨到20块钱？

之前在聊到价值的时候，我说到，价值是对稀缺性的共识。水为什么便宜，是因为不稀缺；钻石为什么贵，是因为稀缺。这种稀缺性，需要得到大家的共识，如果大家都认为钻石是稀缺的，都想要拥有，那么钻石就会贵。同样是石头，有些碧绿通透的石头，大家都想要拥有，于是就会成为无价之宝；而那些颜色杂陈的石头，可能就被扔在路边无人问津。

这就是价值的来源。

那么价格呢？看起来稀缺的东西确实会卖得更贵，但是价格并不源于稀缺性，而是源于供求关系。正如，价格不过三五块钱的方便面，在堵车这个特殊情况下，由于供求关系发生了改变，价格也随之上涨。

我们想一下，如果有100个村民背着装满方便面的箩筐来卖，价格还会这么贵吗？如果堵车突然疏通了，价格还会这么贵吗？

这个高速上20块钱泡面的视频，在网上引发了一连串的争论。不少人指责这位村民“涨价”卖方便面，认为他“牟取暴利”“缺德”，并号召大家都抵制高价行为，认为只要我们能够齐心合力，一定能把价格打下来。

这位村民背着热水泡面的售卖过程中，确实比一般的销售行为多付出了劳动，涨价自然有其合理性。

那么到底应该涨多少才不是暴利呢？这个恐怕无法拟定一个规范。只要不是强买强卖，我们就应该交给供需双方去协商决定。

正如古话所说，做生意，不就是“周瑜打黄盖，一个愿打一个愿挨”。

更何况，是不是大家都抵制高价，坚决不买，价格就能降下来了呢？

我们讲到，价值确实来源于共识。但是价格，并非来源于共识。

假设村民这一筐方便面一共10包，现在面对的是堵车中的100个人。大家都知道这桶方便面的价值不过就是3块钱，这时候有90个人觉得最多只能出5块钱，有10个人觉得20块钱可以接受。你觉得最终会怎么成交？

虽然已经有90%比例的人形成了共识，但是他们的共识不影响价格，因为供应的方便面只有10包，只需要10个人接受这个价格就够了。哪怕这10个人也认为贵了、不值得，但是他们能接受，交易就完成了。

比如，你去沙漠徒步迷了路，已经一天没有喝水了。这时候突然一个商贩从天而降，手里拿着一瓶矿泉水，要价100元，你买不买？

当你还没下定决心要付钱的时候，一个叫马云的人从后面追了上来，想要跟你争抢对这瓶水的购买权，你觉得马云会愿意出多少钱来买这瓶价值不过一块钱的矿泉水?

所以，价格是供求关系的反映，同时也是对需求的筛选机制。

当供不应求的时候，这个供给应该分配给谁呢?对于市场机制来说，就是要通过一种有效的手段，筛选出最有需求的那个人，从而实现资源的有效配置。什么样的人才是最有需求的人呢?那就要看谁愿意为这个供给付出最大的代价了，需求越高的人自然愿意付出更高的代价。这个筛选机制就是价格。

通过价格的上涨，可以从较多的需求者中筛选出付出意愿最强烈的那个人，从而让资源的配置更加合理。当然，这个机制未必公平，因为有钱人未必是真的最急需的，但却是最愿意付出更多金钱的。这确实也是市场经济的局限性，它在资源配置中更注重高效，而非公平。

理解了这个，也就理解三亚机票价格“去时百元，回时万元”的现象究竟是怎么回事了。

在旅游旺季，往返三亚的机票需求量激增，而供给量相对有限，导致机票价格上涨。反之，在旅游淡季，机票需求减少，供给过剩，价格自然就下降了。这也是为什么我们常常看到往返三亚的机票价格存在巨大差异的原因。

具体到春节期间，由于节前放假，大家前往三亚过节的时间点并不一致，可能有的早、有的晚，飞往三亚机票的需求是分散的，那么对于供给来说，供需矛盾就没有那么突出。而到了节后上班，由于上班时间比较统一，所以在上班前一天，需要离开三亚的人特别多，而航班并不能随时增加，于是供需矛盾就变得尖锐起来。

尤其是在其他人都通过提前订票锁定了位置，航班基本上满员的情况下，如果还有一批人这时候才开始订票，那么寥寥几个座位，在面临几百、上千人的需求时，自然就只能通过涨价来筛选了。

现在流行攒金豆，屯点儿黄金值得吗？

投资和消费，那可不是一个价

“攒钱不如买金豆豆”“小小年纪就有了第一桶金”。近年来，购买以“金豆豆”为主的小克重黄金产品在部分年轻人群体中风靡。特别是随着2024年初开始的黄金价格上涨，更进一步引爆了“黄金热”，国内多家金银珠宝品牌店的零售金价都在700元/克的大关之上。

一边是金价不断再创新高，一边是黄金饰物动辄数万元的价格，对于很多刚刚步入职场的年轻人来说，重量1克左右的“小金豆”更符合他们的投资喜好。

“金豆”有豆子、爱心等多种形状，售价一般为当日金价加少许加工费。市场上，多个知名黄金品牌门店都推出了该产品，“金豆”还在一些直播间频繁上架。

社交平台上相关讨论热度持续增长，有人说自己每月发了工资就买一颗金豆，有人将攒下的金豆拍成照片或视频然后“晒金”，还有人互相交流着买金攻略，比如哪个平台容易蹲到低价、哪家店铺不靠谱等。

相关产品在线上线下热销，盯金价、蹲直播、买金豆成为不少年轻人的日常。当代年轻人为什么要“攒金豆”，积攒的小金豆是不是能“积少成多”，成就投资美梦呢？

黄金作为收益相对稳定，且2023年以来升值较多的理财产品，俘获了一众年轻人的喜好。特别是“按克买金豆”的这一新颖形式，降低了黄金的投资门槛，也得到了大家的追捧。

积少成多的获得感、一粒粒装进自己精心准备的小瓶子里的仪式感，让“攒金豆”有了一种小时候用“存钱罐”般的理财感受。

但是，消费品和投资品是两个不同的领域，错把消费品当作投资品，那就真的漏财了。

那么，投资品和消费品有什么区别呢？

购买消费品的目的主要是满足使用需求。比如，花钱购买食物、衣服、家用电器，出去旅游，看电影等等，是为了获得快乐、享受生活，这些钱花出去就没了，这些产品或服务就是消费品。消费品在购买后，通常不会再增加新的使用价值或价值，使用后的再出售通常只能以较低的价格进行。

购买投资品的目的是获得更多的资本（挣钱）或资产价值增

值，如股票、房地产、金银首饰、收藏品等。投资品在购买后，可能不需要追加新的使用价值，但可以通过与其他资产组合或市场运作来实现价值增值。投资品可能具有保值增值的特性，但同时也伴随着风险。投资品的价值可能会因为市场波动而增加或减少，因此投资品的价格波动性较大。

简而言之，消费品，我们是买来享受的，只要自己能够获得比价格更好的享受感，那就值得。而投资品，我们是买来保值增值的，想要实现的是将来能够以比购入价格更高的价格出售。

那么，我们来看，这个小金豆是消费品还是投资品？

从各个销售平台上看，卖家都是以投资的形式来推销小金豆的，主打的是“囤黄金，赚差价”。但是，这个小金豆符合投资品的标准吗？

首先来看小金豆的价格。各大品牌在出售金豆的时候，往往会在金价的基础上加上一个“加工费”，从网上查询可以看到，一款同造型的一克重金豆，不同商家的售价可能相差100多元。这个超出金价部分的费用，就是加工溢价，属于消费金饰的定价方法，其实这也是他们的利润来源。

如果是作为消费，这个加价无可非议，但是如果所购买的“金豆”是作为投资，将来想要出售时却只能按照基础金价来计算，“加工费”就变成了不可挽回的成本。因此，金豆类产品最好工艺简单，售价越接近原料金价越好，否则投资价值会打折扣。

其次，你买到的金豆品质足够吗？传统我们购买实物黄金，会选择银行、“中国黄金”等品牌金店，这些渠道的黄金实物相对来说，品质更有保障。现在很多年轻人通过直播跟风“攒金豆”，由于对黄金成色缺乏了解，听到主播说黄金是“999足金”，就欣然下单。

实际上，黄金储备中，大多是“au9999”，这样的才被称为真正意义上的足金。其中的au是黄金的化学符号，表示材质为黄金，而9999指的是黄金纯度，也就是黄金含量为99.99%，一般民间称其为万足金，多半用于金条、金砖的制作，但这种纯度的黄金并不适合用来制作首饰。

首饰制作中经常用到的是千足金，黄金含量是99.9%。直播间所说的“999足金”，往往就是这种用来制作金饰的千足金。

万足金和千足金，两者虽然只相差了0.09%，但是纯度已显然不是一个层次，特别是在回收的时候，可能就会是不同的价格了。

再次，你买的金豆能回收吗？投资金条一般具有出售方的检测证明，大部分都有保证回收的条款，如果是选择将金条卖回给原来的购买机构，由于双方对品质不会有疑义，所以可以较快地以当时的金价交割。

但目前黄金实物销售市场的回收渠道并不是很通畅，一些金店对金豆只销售不回购，或只回购特定品种，此外回购时可能面临金价下跌、回收价显著低于卖出价、店铺收取手续费等问题，都会使投资者遭遇损失。

因此来看，小金豆虽然确实起到了囤黄金的作用，但由于是错把消费品当作投资品来购买，没有考虑到两者在价格上的区别，反而会造成漏财。

那现在有把购买消费品当作投资来实现保值增值的吗？还真有。

前不久，我的一个朋友告诉我：“我去年16 500元从LV官网入手的CARRYALL小号，现在已经20 600元了，涨了20%多！既可以背两年，用完还能加价卖掉，这不比任何理财产品强？”

奢侈品频繁涨价，让许多人有了投资奢侈品包包的念头。

涨价的奢侈品品牌并非只有LV，香奈儿、爱马仕等奢侈品品牌都是通过常年涨价来抵消通货膨胀对产品的“隐形贬值”效应，从而维持其高端价位的形象的。虽然品牌一直强调涨价是出于“原材料涨价”“人工费用上涨”以及“通货膨胀”，然而底层逻辑却是通过不断地涨价、限量等方式增强奢侈品的稀缺性，并提升购买门槛，筛选出真正的VIP客户，让他们享有尊贵感。

因此，品牌这边宣布涨价，人们那边就疯狂买单，究其原因，排队疯抢的通常都是品牌当家的“硬通货”，具有一定的保值和稀缺性，所以不少人会抱着“早买早赚，入手不亏”的心态，涨得越快买得越多。

试想一下，当你早年用小几万的价格入手了香奈儿CF，如今其售价突破8万，再看那些还在为没入手而后悔的人时，你的心中也会暗自窃喜吧？

但是，如果真的想要把奢侈品当作投资品来买，我们还要注意，不是所有的奢侈品品牌和产品都能够增值，必须考虑到该产品的品质品类、变现渠道、保存品相等条件。因此，你要预估到该产品几年后还会流行且容易变现，并且要小心保管，不能轻易留下使用痕迹，这样才能实现投资收益。

这么来看，包包本身属于消费品，如果想要实现投资收益，就必须像购买投资品一样去考虑它的流通性、稀缺性、变现性等条件。

如果不懂得投资品和消费品的区别，看到别人买了奢侈品包，又听说奢侈品包能增值，于是也跟风去买，很可能会买到一大堆自己认为是资产而实际上是在不停减值的产品。

在现实中，我们有很多行为都混淆了投资和消费的区别。比如，生养孩子到底是投资还是消费？

很多父母把自己的孩子当作投资品，希望得到应有的回报，所以才会对孩子有诸多的要求。希望他好好学习，希望他能够读个好学校，希望他能够有个安稳的工作，希望他能够守在身边。很多孩子因此叛逆，跟父母发生激烈的冲突，甚至水火不容。这些矛盾的根源都在于：父母把自己的孩子当作投资品。

如果我们把生养孩子当作一种消费行为呢？花在孩子身上的每一分钱，都已经“消费”掉了，而“消费”之后你得到的是一种付出的满足感和养育一个生命的体验感。

当你不再寻求回报，才会真心为他的每一步感到骄傲和满足。

“双十一”的优惠券搞那么复杂，图啥呢？

商家图你的消费者剩余

每年“双十一”，很多小伙伴都摩拳擦掌，准备好好消费一番。为什么呢？因为“双十一”会有很多优惠活动，通过“拼单”的领券、满减等活动，可以获得更低价的商品。

可是，为什么淘宝要把优惠券规则设计得那么复杂？为什么不直接降低价格，而是规定只有使用优惠券才可以获得优惠？

这要从商家的定价策略说起。

比如，商家推出一款手机，成本3 000元，打算以5 000元的价格进行销售，可是过了一段时间，商家发现真正愿意以5 000元购买手机的人并不多。通过调研，商家发现张三愿意以5 000元购买，李四和王五愿意以4 500元购买，而刘六只愿意出4 000元。这个时候怎么办？

降价？如果是按照5 000元进行销售，那么只能卖出1台，盈利2 000元；如果降价到4 500元，可以卖出3台，盈利4 500元；如果降价到4 000元，可以卖出4台，盈利4 000元。

这么来看，是不是直接降价到4 500元，就可以实现利润最大化?

但是，如果我们采取优惠券的方式进行差别化定价呢?

原价定为5 000元，张三不需要给优惠券就会下单；李四和王五本来不愿意下单，但是给他们500元优惠券，刚好达到他们购买的心理价位，自然也会改变主意；刘六则需要一张1 000元的优惠券，才能够促使他下单。

这样来看，通过定向发送的优惠券，商家实现了多少利润呢?

6 000元。

从利润上来看，发送优惠券比直接降价，可以多赚到更多的利润。

为什么会这样?

经济学有个名词叫“消费者剩余”，指的是消费者在购买一定数量的某种商品时愿意支付的最高价格与实际支付的价格之间的差额。

说通俗点就是，消费者愿意付的钱跟实际付的钱之间的差额。上述例子中，张三本来愿意支付5 000元，如果定价4 500元，那么张三的消费者剩余就是500元。消费者剩余越多，当然会让顾客越开心，但是你作为商家的话，是不是就很心疼? 因为本来顾客愿意出的钱，因为定价过低，留在了顾客的钱包里而不是你的钱包里。

那么最理想的情况则是，大家分别按照自己能接受的最高价进行购买。如果能有一种办法，让张三消费5 000元、李四和王五消费4 500元、刘六消费4 000元，每个人的消费者剩余均为0，这样的情况下，商家才能达到最挣钱的状态，也就是利润最大化。

优惠券确实让消费者省钱了，但是商家也挣钱了。这表面上看起来不合理，买家更省钱，卖家更挣钱，钱还能凭空变出来不成？

真实的情况是，省钱的消费者和不省钱的消费者不是一拨人，而优惠券做到了用户分群。

优惠券其实还有很多种表现形式。比如，美国私立大学的奖学金制度，也借鉴了优惠券的形式。首先，他们设置一个比较高的学费标准，对于家庭殷实有较高支付能力的学生，自然也就多交了不少学费。对于家庭收入水平较低的学生，他们则通过奖学金制度，让这些学生变相地以更低的学费进来。特别是对于富豪家庭，有意愿支付特别多的钱让自己孩子进来的，怎么办呢？他们还有一种捐赠制度，诱使家长做出一笔数额不菲的捐赠（如为学校建一栋新的宿舍楼）。

要通过优惠券实现差别化定价，最关键的是要知道每一个消费者对产品所愿意支付的最大金额，并以此决定其价格。确定的价格正好等于消费者对产品的需求价格，为每一位顾客及其所购买的每一单位商品制定不同的价格，因而获得每个消费者的全部消费剩余。

大家想一下，什么场景下会如此定价？

对，比较常见的就是路边小商贩。他们在售卖产品时，往往先叫出一个非常高的报价，然后再以讨价还价的方式获取消费者的心理价位，争取以消费者最高的心理价位售出产品。

这种消费也往往用于非常规的产品。当人们无法在大的市场上获得一致的价格标准时，只能依靠自己的判断，来给出心理价位。

到了互联网时代，信息越来越透明，买任何东西，在网上一比价，就可以查到别人的销售价格。这时候，还怎么通过优惠券来实现差别化定价呢？

不知道大家发现没有，“双十一”的优惠券机制特别复杂，每年都会引起大量的吐槽，为什么它们不能简单一点呢？

站在商家的视角，既要给用户优惠吸引更多人购买，但是又不能让所有人都享受到最低的优惠，而且还要让尽可能多的人使用可接受的最高价下单，只有这样才能实现利润最大化。

为此，优惠券的机制设定必须让每个人，在感觉到价格合适的时候就停止进一步寻求更低优惠的欲望。而复杂的优惠机制，就能够实现这一目标。

当价格高于心理可接受的最高价的时候，时间与精力的价值小于优惠的价值，用户会自发性地参与活动，获取优惠。

当价格低于心理可接受最高价的时候，用户则没有足够的动机继续参与活动来获取优惠，而是直接进入下单流程。

通过这样一个付出成本获取优惠的机制，商家实现了针对不同用户的动态优惠，完成了用户分层与针对每个用户的区别定价。最终不同消费能力的用户都认为省钱了，同时消费者剩余都为0，商家也实现了利润最大化。

不仅“双十一”，某团购平台的撒手锏“砍一刀”，是不是也这样？只要满M个人拼团，立降价；再满N个人拼团，又降价。这样的方式，让同样的商品因为不同的用户劳动形成了高、中、低多个价格，抓住了所有有购买意愿，甚至本来都没有购买意愿的消费者，不管是较高支付能力者，还是较低支付能力者，全部都“一网打尽”。

5块钱的兰博基尼优惠券，还真有人抢来用？

“消费左移”的时代，当心贪小便宜吃大亏

在“双十一”优惠券盛行的时候，出现了一个笑话：某平台免费赠送5块钱的兰博基尼优惠券、50元玛莎拉蒂购车券、500元波音787购机优惠券。网友们纷纷调侃：我与豪车的距离，只差一张5块钱的优惠券。

当然，大家都是当作笑话，笑笑就过去了。是否真的有人会因为收到一张5元钱的优惠券，就兴冲冲地去买兰博基尼？我不知道。但是因为一个小甜头而付出巨大的代价，这种事在生活中并不少见。

我家楼下有一家理疗店，据说主打一款温热治疗仪，排湿排

毒。最近他们有一个免费理疗活动。这不也正好入伏了嘛，讲究一个“冬病夏治”，于是周边老头老太太排起了长队。免费的服务，不要白不要。

排队的人多了，每个人能理疗的时间就短了，往往还没感受到效果，就要换下来让给后面的人。于是，店主就开始跟老人家推销：这种超声波疗法需要每天理疗3—4个小时才能发挥最大作用，但是现在体验的人太多，平均一个人排队两三个小时才能轮到一次半小时的体验，根本无法达到理疗效果。大家要强身健体，怎么办呢？最好是花2万元买一台理疗仪带回家，全家都能用，方便又高效。

据说，这家店每天卖出去十几台理疗仪。

先不说理疗仪的效果如何，本打算去占便宜、信誓旦旦地说“就是去免费体验，让掏钱肯定不干”的大爷大妈们，怎么就一个个的刷卡消费了呢？

“天上是不会掉馅饼的，即使真的有馅饼掉下来，小心地上也有个陷阱在等着你。”这便是社会学中著名的“馅饼定律”。

也许很多人会说老人家对商家的套路认知不高，所以才会掉进商家设置的消费陷阱里。但是，如果我们真的能做到坚决不花钱，是不是就真的能省钱了呢？

有这样一个寓言故事：

有一个特别爱占小便宜的人到集市上去买鞋，想买好的又不舍得花钱。

一个摊贩跟他讲：“我这里的鞋随便穿，一分钱都不收你的，但是有一个条件，就是三天内不许说话。”

他心想这有什么难的，于是挑了一双售价500元的鞋子，高高兴兴地回家了。

回到家后，无论妻子跟他讲什么，他都一言不发。全家人都急坏了，就连大夫也无法诊断出原因，认为这可能是某种怪病，无药可医了。

三天过后，那个摊贩来到他们家，与他妻子说了几句话，然后又悄悄对他说：“期限已到，你可以说话了。”说完便离开了。

于是他跑到妻子身边，兴致勃勃地讲了事情的来龙去脉。没承想，妻子瞪大了眼睛说：“可是，刚刚那个摊贩跟我讲，他可以医好你的病，只是要收取1 000元钱……”

当然，这只是一个故事，但现实中是不是也有类似的事情呢？

世界上没有免费的午餐。正如那句名言所说：“所有命运的馈赠，早已在暗中标好了价格。”免费，不过是转移成了以另一种方式付费罢了。

你为了在视频APP中看免费电影，就要忍受一定时间的广告，以及令人难以忍受的清晰度和音效；你为了搭乘超市的免费班车上班，就要花更多的时间跟大妈们等车抢座，甚至被强行拉着去超市里逛一圈。

你付出的时间、精力、关注度，都是你的财富。你本可以用来做更多更有意义的事情，结果就因为这点便宜，失去了更有价值的生活品质。这一点，相信学过机会成本的你很容易理解。

钱，不会挣，就得会花。

这是很多人今天必须面对的人间真实。不管是线下零售巨头沃尔玛的“Save money, live better（省钱，过得更好）”，还是线上电商巨擘亚马逊的“Spend less, Smile more（更少花费，更多笑容）”，再或者是国内京东买药更直白露骨的“药多省，有多省”，这些宣传语都指向了同一个意思：既要省着花，还要花得美。完全一副成年人不做选择、“我全都要”的理想状态。为此，还出现了一个新名词：消费左移。

所谓消费左移，指的是在横轴为价格、纵轴为品质的坐标系中，在经济下行的社会背景下，纵坐标位置保持水平的情况下，同时横坐标位置整体向左移。也就是说，越来越多的人希望保持同等品牌品质的情况下，花费越来越少。大家既对价格敏感，倾向于低价消费，同时又想最大程度保持应有的商品品质或消费品质。反映在这个坐标系上，就是大众的消费诉求开始向左平移。

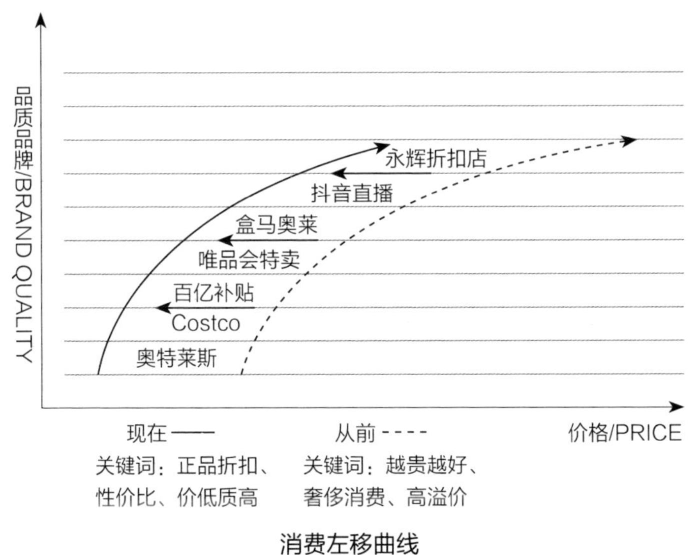

消费左移曲线

“三年了，商家等着我们报复性消费，结果我们都选择了放下仇恨！”

这句调侃简直可以让人笑中带泪。不管是主动还是被动，几年下来，在新经济周期越来越明确的背景下，很多人的消费观确实产生了巨大改变。他们放下了“仇恨”，放弃了“报复”，越来越远离消费主义，远离各种华而不实的消费观，而是更务实、更懂得量力而行。

毕竟，现实充满裁员、失业、减薪等各种不确定性，因此人们在消费上变得越来越理性，在真实需求的基础上，筛选更有性价比、更加“价低质优”的商品。

只是在省钱这条路上，我们也要注意，有时候过于追求省钱，反而会漏财。

比如，春天到了，一个朋友想要去日本看樱花，于是查了一下机票价格。他发现在整个樱花季节，机票价格都特别贵，只有稍早几天的机票，价格比较便宜，只相当于樱花季的三分之一。本着“省钱”的目的，他毫不犹豫地订下稍早几天的机票和住宿，但是等他兴冲冲地到了日本京都，才发现樱花还没开，刚好要到他回国之后才会逐渐盛开。

你看，他虽然是省了钱，结果消费的目的完全没有达到。这个钱，是不是也等于打了水漂？

商家套路深，我要去森林

别急，它割你韭菜，你也可以薅它羊毛

讲了那么多商家的套路和价格陷阱，是不是就真的说明买的没有卖的精，消费者只能任人宰割，甘心做“韭菜”了？

未必。

商家之间竞争，需要争夺消费者，更希望培养忠诚度高的消费者。如果你可以利用商家对消费者忠诚度的需求，也不是不能“薅资本家的羊毛”。

比如，会员制。

毫无疑问，这是一个万物皆可会员的时代。每个人为会员买单的消费，就算以年为单位进行累计，也是一笔不小的数目。APP的种类各不相同，各种商品服务信息看得人眼花缭乱，消费者可能无意识中就会掉进商家的陷阱。现在我们就来聊一聊会员消费“陷阱”这件事。

时至今日，扫码加会员已经成了惯例。

花钱办卡才能进门，这样的店你会去吗？2023年4月，一位短视频博主发布了一段自己在山姆会员店的体验视频，店员阻止非会员进店消费的片段引爆了舆论。毕竟在很多服务都可以免费的当下，先花钱才能进店消费的模式确实特立独行。再加上“会员专属”总能给人无限的遐想，于是，“低调”的山姆会员店就这样走进了大众的视野，各路网红博主纷纷跟风进店消费，迅速捧红了烤鸡、榴莲千层蛋糕等多个单品。

而山姆会员店也抓住了这波机会，顺势推出了卓越会员抢茅台的活动：先花680元成为山姆卓越会员，然后积分达到3 000分，就可以获得用1 499元购买两瓶茅台酒的资格。

此后，中国的山姆会员店出现了前所未有的景象，原本宽阔的通道挤满了顾客，几个摆放网红产品的货架后常常是大排长龙。熙熙攘攘的人群中不仅有慕名而来的新老顾客，还有大量使用单次会员卡的尝鲜者和专买各种网红产品的“山姆代购”。

会员制超市在国外非常流行。以Costco为例，其截至2024年2

月18日的第二财季（12周）业绩报告显示，其第二财季的净利润达到17.43亿美元（约合人民币125.24亿元），其中会员费收入达11.11亿美元，占利润的64%。也就是说，其利润的主要来源就是会员费收入，而不是销售商品的差价。

为什么这么多人愿意花钱获得一个到Costco消费的资格呢？

从商业模式看，Costco这类会员制仓储超市与传统的超市有很大区别。传统超市大部分利润来自商品进价与售价间的差价。而在海外，会员制仓储超市把商品售价当成了引流的抓手：超市会在精选店内商品的同时，主动压低商品的毛利率，利用“低价精选”的策略吸引大量消费者。到这里，这种商业模式和小米并无太大区别。事实是，会员制仓储超市盈利的关键点并不在“卖货”，而在中国消费者时不时质疑的会员费制度。

对于消费者来说，成为Costco的忠诚会员，将自己日常的消费渠道全部归总到Costco，可以享受到更低的价格和更优的品质，从而降低自己的消费开支。

消费者获得的是更低的消费开支，而Costco也通过集中众多忠诚顾客实现了批量的销售规模，降低了运营成本，实现了规模利润。

这类通过培养客户忠诚度来实现规模效应的商家并不少见。

比如，各大航空公司都推出了会员计划。以东航为例，会员可以享受里程积分和航班优惠。金银卡会员都可以享受优先办理值机手续和优先登机的服务，减少在机场的等待时间。此外，会员还可以在机场的头等舱或公务舱休息室候机，享受更加舒适和私密的空间，以及免费的小吃、饮品等福利。这些服务可以让持卡人在旅行过程中更加从容和舒适。

特别是如果你升到了白金卡会员，还可以获得每年20张国内航线的升舱券、4张国际航线的升舱券，以及3晚豪华酒店的免费住宿。在当前国际航班价格奇高的情况下，光4张升舱券的价值就有好几万元。

为什么东航愿意为忠诚度高的会员提供这么大的优惠呢?

因为在激烈竞争的航空市场，各大航司之间需要争抢飞行次数较多的优质顾客。如果能把他们稳定在自己的消费群里，就会成为公司收入的主要来源。

那么如果你恰好是出差行程较多的人，只需要在订航班的时候优先选择某一家航空公司的航班，就有可能成为该公司的金银卡甚至白金卡会员，获得这一真金白银的“大礼包”。

既然总是要坐飞机的，与其任意选择一家航空公司，还不如在价格相差不大的情况下，主动成为其中一家的忠诚顾客，从而获得“薅资本家的羊毛”的机会，你说呢?

实际上，酒店行业也是如此。

全球酒店业最大的连锁机构——万豪集团，就通过会员计划为忠诚顾客提供了一系列的服务。比如，白金卡以上级别的会员，不仅可以获得更高积分将来换取免费住宿，还可以享受到免费早餐、行政酒廊使用权、客房升级等待遇。对于经常出差的人来说，如果优先选住万豪旗下的酒店，不仅可以换取积分，还能够免费在行政酒廊吃吃喝喝，是不是也变相省下钱了呢？

更何况，你“薅”了资本家的“羊毛”，资本家还巴不得呢。万豪为了能吸引更多人来“薅羊毛”，与淘宝集团达成协议：只要是飞猪和支付宝的会员，都可以通过“挑战”，快速晋升为万豪的白金卡会员，更便捷地获得“薅羊毛”的机会。

对于酒店来说，把你从别家酒店吸引到自家酒店来消费，扩大了自家酒店的市场规模和营收，就是最大的利润来源。

没想到吧，“割韭菜”和“薅羊毛”还能双赢。

Part 4

漏财，是因为你忽视了成本，才失去了获益的机会

会算成本比会算收益更重要

无成本创业，年入百万！

十节课实现财富自由！

不知道你是不是经常会看到这样的广告？生活中我们经常会遇到很多诱惑，商家用斗大的字写着你可能会获得的收益。且不论这些收益实现的可能性，你总要看看实现这些收益，需要付出什么代价吧？

对方往往不会写那么详细，但是你自己要明白，任何事情都要计算成本，不谈成本只谈收益的，都是要流氓。

反诈民警老陈辞职当网红年入百万，为啥后悔了？

失去的机会，也是成本

2021年9月，反诈民警陈国平以连麦网红主播的方式宣传反诈知识，结果迅速走红，一晚上的打赏收入就突破百万。公务员的身份和网红的打赏收入造成的冲突，把他抬上了舆论浪尖。半年之后，老陈宣布辞职。

但仅仅一年多之后，在谈及爆红网络后辞职的决定，老陈就已经表示："如果再选择一次，我不会再那么冲动了。"

2024年2月，反诈民警老陈还是向社会低头了。他告诉全国各地的警方，如果哪里敢用他、想用他，以及能用他的话，可以主动和他联系，他想去做协勤或者是返聘。

老陈说，当初辞职是自己没看清形势，低估了网络环境的复杂性。在辞职后的日子里，他尝试过直播带货、开农场等多种事业，但最终发现自己还是更热爱反诈工作，也更加珍惜警察这份职业。

面对当时网络的热捧和流量带来的巨大收入，老陈冲动之下才做出了辞职的决定。那时候不光老陈，很多人也都只看到网红赚取的巨大收益，而没有看到辞职可能要付出的代价。

这个代价就是机会成本。

人生中，我们总是会面临各种选择：是遵从父母之命回到小城市岁月静好，还是遵从自己的内心到大城市策马奔驰？是继续读研还是早日工作？是选择爱情还是选择自由？是陪伴孩子成长还是专心工作赚钱？

我们选择的时候，往往会看哪个选项能带来更大收益。但是经济学却认为，机会成本，才是你做出选择的关键考量。

机会成本（opportunity cost）是一个经济学概念。当你要在两个选项中选择其一时，所舍弃的选项可能带来的价值或收益，就是你做出选择的机会成本。无论你怎么选择，都必须舍掉另一个选项所带来的好处，这和“鱼与熊掌不可兼得”的道理是一样的。

简单来说，当你做出一个选择时，想象一下平行世界里的另一个你做出了其他的选择。他所得到的一切，就是你失去这个机会的成本。当你做出决定的时候，不能只看自己，还要对比看看平行空间里的你。所以说，最重要的不是会得到什么，而是你能否接受那些失去的机会成本。

比如，比尔·盖茨从哈佛大学辍学创业，虽然失去了哈佛大学的毕业证，但如果平行世界的他为了毕业错过了互联网发展的浪潮，这样的结果他能接受吗？这么来想，辍学是不是就变成他最好的选择了？

对于反诈民警老陈来说，在他决心辞职的那一刻，看起来是前途光明、收益颇丰，只是他确实没看到背后隐藏的机会成本。体制内多年的工作积淀，安稳的工作环境和机会，特别是一旦辞职就再也没有回头的可能性，这些都随着老陈的辞职，成为他的机会成本。虽然在此后老陈出书、上各大节目，直播受到上百万人的围观，看起来风生水起，但是因辞职而埋下的机会成本却一直在暗暗衡量着得失。一旦他人气下滑、收益不再，机会成本就会浮现出来，成为他后悔、懊恼的源泉。

不知道老陈能不能得偿所愿，但是希望他下一次的选择，不要那么冲动，先计算好机会成本再来评估收益。因为机会一旦错过，就不会再轻易回来。

机会成本在我们做任何决策时都会存在，只是很多时候我们没有去考虑。如果我们把机会成本引入到我们的投资乃至生活的各项决策之中，很多时候你的想法就会大相径庭：

首先，你在决定投资一个项目的时候，不会再单纯考虑这个项目的回报，而是会更广泛地考察这个项目投入的金钱、资源，以及所有可能实现的投资回报，从中选择回报最高的项目。比如，你在老家有块地，平时都是种水稻。要知道水稻的回报是不是能令人满意，你就应该广泛考察一下挖鱼塘、种果树的收益情况，对比选出其中回报最大的一种。

其次，你不应该再被单纯的收益所迷惑，而需要考虑这个收益背后所要付出的代价。

再次，你还要知道我们生活中的一切行为都存在机会成本的选择。比如，我们的时间就有机会成本：你今晚有空，是去看电影，还是在家看看职业考试的书？是陪陪家人，还是去见见合作伙伴？每个选择都会有不同的结果。

一旦选择，时间就匆匆走过，再也无法回首。你做出的每一个选择，都在一步步地影响着你将来的生活。你用来工作，那么你的事业将越来越大；你用来陪家人，那么你的家庭会越来越和谐；你用来发呆、刷手机，那么你会越来越无聊。是啊，如果我们多比较一下，多想想别的方案，也许就不会浪费那么多时间了。

“刷卡返利”的老套骗局，为什么能骗走退休教授的几十万？

就算你不贪蝇头小利，也逃不脱沉没成本

刚刚讲到老陈辞职，说他需要考虑机会成本，不要轻易辞职，看起来会让大家觉得我更鼓励大家选择安稳的体制内生活，但其实选择体制也是有机会成本的。

我在大学毕业的时候面临两个选择：一个是某世界500强企业在上海的职位，另一个是通过公务员考试进入体制。因为家庭的传统教育，让我对“公门里头好修行”有着深深的执念。对我来说，“修身齐家治国平天下”的梦想要比眼前的繁华更有吸引力。大城市的繁华，就是我心甘情愿承担的机会成本。

但是，任何一个决定都不是一成不变的。在体制内打拼十来年后，当最初的抱负无法实现，那体制内的安逸对我来说也就失去了吸引力，人生的天平开始倾斜。我最终决定辞职下海，拿到了那个单位第一张“辞职批准书”。

很多人问我，后悔吗？在体制内那么多年的心血投入，将来可能的各种发展机会，我是否能忍心抛弃？当我决心离开，这一切都

变成了沉没成本。

沉没成本，是指以往发生的，但与当前决策无关的费用。从决策的角度看，以往发生的费用只是造成当前状态的某个因素，当前决策所要考虑的是未来可能发生的费用及所带来的收益，而不考虑以往发生的费用。

就如同“刻舟求剑”的故事，既然你无法回到过去逆转这一切，也没有必要苦苦挣扎。大家身边是不是有这样的朋友，明知这段感情不适合，却依然无法割舍，因为自己已经投入了很多的精力、情感，最终导致分分合合痛苦纠结。沉没成本就是这样的鸡肋，你不接受失去，就无法拥抱未来。

比如，大家是不是经常收到“兼职刷单”的小广告呢？大家是不是都觉得这就是通过蝇头小利来骗取你的点击？实际上，骗子的野心可不止于此。前不久，我看到一个新闻：上海某大学的退休教授，报警称一陌生QQ号加其为好友，并推送了刷单返利的广告，还附上了他人刷单成功的记录。想着网购还能赚钱，他便按照对方提供的教程进行操作，很快就收到对方发来的20元佣金。正当老教授觉得费了九牛二虎之力才能返利20元不值得，打算收手时，骗子发来信息，说由于公司推出限时优惠活动，三分钟内再刷一笔，可以将首笔的订单返利再加五倍返还。

老教授为了不吃亏，赶紧又刷了一个1 000元的单，但这次本金没有返还也没有佣金，对方称刷5单后才会有返利。

于是，他又刷了4单，共计4 000元。这次对方返利给其325元，但本金未还。对方称必须刷满10单才能归还本金，但他刷完10单后对方仍然未归还本金，还一直要求他再刷2万元的单。

直到卡里的余额全部刷完，老教授这才意识到自己被骗了，赶紧报警求助，共计被骗25万多元。

老教授在面对蝇头小利的时候本想及时叫停，为什么亏得越多越停不下来呢?

这就是沉没成本在作祟。

相对于获益而言，人内心更看重损失，这就是“损失厌恶”。我可以不赚钱，但是不能让便宜白白溜走，更不能接受亏损。由于本金一直没有拿回来，这就变成了骗子手上的“诱饵”，诱使着原本智商很高的老教授都急昏了头，为了1 000元的本金不停地加码，结果损失的越来越多。

这正是骗局的玄妙所在。不管是刷单骗局，还是投资圈套，都会在蝇头小利之后，利用“完成全部任务方能连本带利返款”“系统故障”“卡单”“需要激活”等借口要求受害人逐渐加大付款金额。而大部分受害人因为不愿意损失本金，被骗子诱导着一步一步深陷其中无法自拔。

现实中我们面对的问题更复杂，可能会让我们更加容易陷入沉没成本之中。

一方面，并不是每一次的投入，都能轻易判定其是不是沉没了。比如，你不知道现在亏损的股票，接下来是会继续亏损还是会反弹；你也不知道坚持了两年的创业项目，接下来注定会失败还是再坚持一下就可能看到曙光，如此等等。

另一方面，从经济学的角度来看，人们做决定时很大程度上会受到“锚定效应”的影响。

比如，你会把股票价格锚定在建仓的成本价，认为那才是合理的；你会把两个人在一起的美好时光锚定下来，在感情破裂时，无法快速接受并走出来；在旅游时，哪怕再不开心，你都会劝自己“来都来了”。

判断过去的投入是否沉没，在一些简单的情况下是很容易的，比如感情破裂，这时候只需要自己多加提醒和刻意练习，即可克服锚定效应。

当情况比较复杂，很难判断是否沉没时，就要靠你对该种情况更深入和广泛的研究，通过多方对比和深入思考，来做一个概率性的判断。

很多时候我们做判断，并不需要100%准确。只要你的判断是投入大概率是沉没了，那就没有必要为了小概率的“反败为胜”继续耗下去。

沉没成本决定了一个人如何看待他的过去。只有快速认清沉没成本的事实，不让它影响当下和未来的决定，才能轻装上阵，也才能灵活应对瞬息万变的市场环境。

所谓的断舍离和放下执念，应无所住而生其心，讲的都是这个意思。

住在公司附近房租要多 2 000 元，值得吗？

花时间挣的钱，最终还是用来买时间

有一次我从虹桥机场打车回家，司机问我想走高架还是地面。我想了想，我家距离机场也不远，高架有点绕路，还是走地面吧。司机说："地面很堵，高架虽然绕，但是快一些。按照地面走的价格，估计60元。如果走高架的话，你也付60元就行，多出来的就算了。"

为什么司机宁愿绕路，自己承担多出来的油钱，也要走高架省点时间呢？多走路，少收钱，不是傻吗？

听到我的疑问，司机兴致勃勃地跟我算了一笔账：

"我一天下来，除去油费和车子折旧，能挣500元。按照一天工作10个小时计算，我每小时能挣50元，其中高峰期大概80元，其他时段大概40元。对于我来说，如果高峰期浪费1个小时，我就少挣80元。你这次走地面，时间要多半个小时，而走高架也就多出来10来块钱。所以我宁愿少收这10块钱，也要省下来半个小时，好去拉下一班客人，因为这半个小时可以挣回来40元。"

司机的话顿时让我起了兴趣，于是打探道："师傅您这逻辑太

有道理了，一听起码上过MBA。您不会是哪个公司的高管趁下班来体验生活的吧？”

师傅开心地笑了：“我可连大学都没上过。不过呢，我喜欢学知识，别人空闲都刷短视频，我就看公众号。这个计算时间成本的方法，我还是看刘润老师的文章学到的，然后就自己试着用。先是算自己每天的平均时间成本，后来我发现高峰期和平时还不一样，我就用小本本来记自己一天下来不同时间段的收入，时间长了就摸索出规律了。现在基本上只要乘客一上车，我就能大概算出来怎么走对我来说最划算。”

这就是知识的力量。据说，当地出租车司机的收入有高有低，一般的每月能赚七八千，好的话能过万，只有个别能达到两三万。为什么同样的地点，同样是干10个小时，司机的收入差距能有那么大，现在你是不是明白了？

明白时间成本的概念，在关键时候能够做出果断决策，从而提高自己的单位时间产出，自己的收入自然也就高了。

时间不够用的感受贯穿于我们的日常生活，这在心理学上被称为“时间贫困”（time poverty）。现在人们普遍需要在工作、维持家庭和养育子女上花费大量时间，个人可自由支配时间大大减少，低于一定阈值时，就可被界定为时间贫困。一般我们将工作时间视为能量消耗过程，将自由支配时间视为能量恢复过程，工作时间延长，自由支配时间缩短，就会加剧时间贫困的感受。因此，通过计算自己的时间成本，可以让自己把精力花费在更有回报、更有价值的事情上，从而给予自己更多的自由支配时间。

时间成本，就是这个时间如果用于做别的事情，你可以获得的收益。它是一种特殊形式的机会成本。懂得计算时间成本，可以帮你在很多决策上做出到底是“花时间做”还是“花钱买”的理性决策。

比如，在生活中，我们可以以此判断：是该叫外卖还是自己做饭？是该自己打扫卫生还是请阿姨做保洁？在工作中，我们也可以通过时间成本的测算来决定，这次出差是该坐飞机还是坐高铁？新的业务进来，是该招聘一名新员工还是把工作外包出去？

我们来练习一下，在日常生活中的时间成本如何计算，以及如何用时间成本的逻辑来帮助决策。

假如，你的月收入是2万元。一个月有21个工作日，每个工作日工作8小时。那么，你每小时的时间成本，就是2万元/21天/8小时=120元。

那么，我们来计算一下，每月多花2 000元房租，从离公司1小时路程的地方搬到公司楼下值不值得。

你每天实际花2小时在路上，每天用在交通上的时间成本，就是120元×2小时=240元。一个月就是240元×21天=5 040元。多花2 000元，搬到公司楼下，可以节省5 040元的时间成本。你应该搬。

唯一的问题在于，多出来的这两个小时，你可以用来做什么？

反过来计算，住在偏远地区的房子里省下来的2 000元，等于是每小时47.6元的时间成本。如果这些时间只是用来刷视频，那么每小时刷视频的成本就是47.6元。如果你能找到一份每小时收益超过47.6元的兼职，是不是搬到公司附近用节省下来的时间做个兼职就更划算了？或者说你能利用这两个小时学些知识，将来能给你创造更大价值，这也是一件时间效益更高的事情。

有本书叫《暗时间》，书中写道：如果你有一些钱，不知道花在A上还是花在B上，你可以先不做决定，没问题，因为钱还是你的。但如果你有一些时间，不知道花在A上还是花在B上，不行，因为过了这段时间，这段时间就不是你的了。

确实如此。对于我们来说，时间的流逝是不可逆转的，流速也是不可调整的。因此，学会计算自己的时间成本，不仅仅是让自己的空闲时间不再白白流失，对平时一些低时间成本的事项更可以花钱购买服务，腾挪出更多精力聚焦于高回报的项目。虽然看起来是花了钱，实际上也是一种防止漏财的方式。

其实，不仅仅是个人，公司也需要计算时间成本。随着时间的变化，资产价值会发生变动，占用的资金会导致成本增加，员工各项工作的分配以及效率也会对成本产生影响，这是经营中最常见的三类时间成本，会从不同的角度影响企业利润。

比如，我们把刚刚的住房问题换一个方式来问：你聘请了一名员工，月薪2万元。最近几个月每天都需要派他到1个小时路程外的仓库里进行盘点。因为是工作需要的外出，所以往返时间都计算在工作时间内，那么你是不是愿意补贴他2 000元，让他住在仓库附近？

企业的运营中，如果缺少时间观念的培养，会导致沟通效率下降，时间成本损耗巨大。比如，我在公司里曾经因为一笔3 000元的应收账款坏账，专门开了一次沟通会。先是销售部花了半个小时解释缘由，大意就是当时客户看错结算单导致少付了款，目前合作已经结束，销售部尝试了各种办法都无法让客户补款，建议走司法渠道追讨。紧接着法务部提出意见，说因为金额太小，走法律流程耗时过久，得不偿失，建议直接作为坏账处理。财务部表示，可以作为坏账，但是应当按照规定计入销售的绩效考核之中。销售部又接过话头，反复强调这个问题的客观因素，非人力所控，计入销售的绩效很不合理。

各方争执不下，我只能快刀斩乱麻地决定：计入坏账，销售部无条件承担该坏账的绩效。

为什么这件事不能争个水落石出呢？因为各部门参会的都是负责人，薪资不低，显而易见，他们每小时的时间成本已经远超这3 000元的坏账，如果继续争执下去，只会消耗更多的时间成本。

高考选志愿，为什么有人花近万元去问张雪峰？

网络越发达，信息成本越高

买房子为什么必须要找中介？

公司做完年报为什么必须找会计师事务所审计？

生活中总是充满了各种不经济的现象，所有中介机构的出现似乎都凭空增加了成本，那么我们为什么不抛开中介服务呢？

因为信息不仅不是免费的，甚至要付出高昂的代价。

就以买房子为例，当你想要在某一个区域购买一套三室一厅的时候，你应该怎么办？理想的状态是，这个区域刚好有一户人家有一套三室一厅的房子，想要找到购买的人。只是，你们之间怎么才能搭上线呢？

就像古时候的红娘，只要有信息沟通的需求，就会有人专门来搜集这类信息，并提供给需求方，从而获得收益。

很多人可能会疑惑，现在网络这么发达，我们可以在网上发帖啊？那么谁来建立这么一个论坛，供房产的买卖双方在上面发帖，并促成交易呢？

我们可能觉得在论坛上发帖是一种免费的行为，可以避开房产中介的服务和收费。但是论坛的搭建和运行也是需要成本的，即使你没有就这次发帖直接付费，也通过流量和关注付出了成本。

最关键的是，如果是非精准的论坛发帖，信息的有效性必然受到影响。你看到对方的帖子时，也许他已经卖出了，只是帖子还没删掉而已；也许对方反悔了不想卖了；也许你上门才发现对方标出的面积是虚假的。

这些信息的筛选，也是中介提供信息服务的成本。

很多人都觉得，互联网让我们每个人都拥有了无穷无尽的知识和信息，一切信息的获取都变得轻而易举。当我们能够随时随地获取各种信息的时候，为什么信息还会有成本呢?

因为，网络上的信息多，并不意味着我们每个人作为个体能够接收到的信息也跟着变多了。更何况，并不是所有的信息都是正确的，也不是所有的信息都会被所有的人拿到。甚至随着信息的多元化，我们更容易陷入“信息茧房”和“回声室效应”。

很多人都在惊叹某某APP很懂自己，明白用户的需求，这些APP的内容看起来会上瘾，让人停不下来。其实这些APP都是凭借强大的算法和爬虫抓取技术，根据用户行为习惯精准分析并推荐其感兴趣的内容，满足用户个性化的需求，做到千人千面。

然而，你需要的就是最适合自己的吗?

在海量的信息中，用户通常会选择自己需要的信息。在算法主导的信息分发模式下，很容易过滤掉用户不感兴趣、不认同的信息，实现“看我想看，听我想听”，如同吸食精神鸦片后所获得的心理上的舒适感。久而久之，一直深处于自己乐意看到的内容池当中，所见所闻被APP所控制，信息接收维度变窄，知识获取单一，对其他领域越来越陌生，便很难接受不同的观点。行为习惯被自己的兴趣所引导，在单调的信息中形成特定的思维习惯。

由此可见，随着网络社会的来临，信息不对称不是在缩小，反而是在加大。这世上有一半的人永远也不知道另一半人是如何生活的，真理都在千百年前被说尽了，而试图打破次元壁、试图充当桥梁的人，却一直被嘲笑。

此外，每个人知识构成的差异，也会造成信息不对称。这里的知识并不仅仅指的是学校里教授的课本知识，还包括一切认知对象的集合。比如你的工作经验、你的社会关系、你在某个领域里独占的专利技术等，都是广义上的知识。

人与人之间最大的区别，就是拥有信息的区别。别人干的你没听过，别人说的你不知道，别人想到的你一无所知，这就是信息的鸿沟。

即使是以看起来很简单的高考填志愿来说，哪个学校好，哪个专业好，看起来网上可以搜到很多信息，但对于众多考生甚至家长而言，依然存在着巨大的信息鸿沟，所以志愿填报才会成为家长和考生最为头疼的问题。

张雪峰作为知名的考研指导专家，通过多年对各高校、专业优劣势以及录取分数的分析研究，比一般人掌握了更为丰富全面的信息，所以才会有那么多人去咨询张雪峰的意见。这也是他屡屡因为爆出“文科都是服务业”“孩子非要报新闻学，我一定会把他打晕”等言论而陷入争议，却依然受到广泛追捧的原因之一。据说其高考志愿咨询服务曾售价近万元，每年仅讲课就能挣几百万元。

你不去努力学习掌握信息，就要为信息买单。从更广泛的意义来看，一切贩卖知识优势的行为，都是利用信息的不对称来获利的。比如大家所熟知的中介，就是利用自己掌握的信息优势来撮合买卖双方达成交易，从中抽取佣金。更有甚者，通过人为设置障碍，阻断正常的信息交流，从而获利。比如淘宝刷单、水军刷分、控制舆论，其实都是在截断信息流，让人进入其设置的“信息茧房”，从而无从获得真实信息，通过人为制造信息差来获取收益。

如何才能打破“信息茧房”，获得真实有效的信息呢？

一是要有开放性思维。

曾经有一档台湾节目中，一个“专家”很认真地告诉观众：“大陆人民吃不起茶叶蛋。”此言论瞬间引发轩然大波，成为网络焦点。此后，“茶叶蛋”一词连续多日占据微博热搜词排行榜前列，相关搞笑图片和段子层出不穷，网友还纷纷晒出自己吃茶叶蛋的“炫富”照片，茶叶蛋变成“奢侈品”和“炫富神器”。

在网络如此发达的今天，为什么这些所谓的“专家”还会发表如此荒谬的言论呢？这就是因为他缺乏开放性思维，陷入了“信息茧房”，无从获得真实信息。

那么，在其他领域，这种偏见和片面是不是也存在于我们自己身上？

经常听到人说：“为什么读了那么多书，还是过不好这一生？”

你读的那么多书，真的开拓了你的眼界吗？还是你仅仅在自己的认知领域里，不停地重复读书？

开放思维意味着能够接纳新观点，放下固有的偏见和预设，以更广阔的视野看待问题。只有拥有开放的思维，我们才能不断拓宽自己的思维边界，探索未知领域，与他人进行更有效的交流，并在日常生活中做出更明智的决策。

没有开放性思维，你学的所有知识都是在积攒自己的偏见，都是在选择自己认知范围内的信息，积攒的越多，你的知识边界并没有随之扩大，而是将信息摄取的“护城河”越垒越高。你不仅越来越阻止了别的认知跨过这条河，而且也越来越不允许自己迈出这条护城河，这条河其实就是你为自己设立的“监狱”。

把自己封闭在认知的护城河之中，就会对外界的质疑和否定比较敏感、多疑，总认为外界在入侵自己，时刻都是提防的姿态，本能地喜欢反驳别人的观点来证明自己的正确性。这样的人，有的内心自卑、思想保守，有的有强烈的主观意识，两者其实都是思维封闭的结果。我们只有像《肖申克的救赎》中的安迪一样，在任何环境下都心怀信念、勇气和希望，不断思考和行动，拓展自己的认知边界，才能最终“越狱”，走向新生。

如何才能培养开放性思维呢？

思维开放的人，一般都会比较自信、谦卑，对外界的包容性很强，时刻都是接纳的姿态，对形形色色的人和事都能理解，能够换位思考，就事论事，客观冷静，很少有偏见。

首先要接受不同的观点和思想，尊重他人的想法和意见。要理解每个人都有自己的思考方式和经验，因此对于不同的人和事，我们可能会持有不同的看法和观点。在交流和讨论中，我们需要尝试理解和接纳不同的观点，从中发现新的想法和启示。

其次，要不断学习和探索，扩大自己的知识面和视野。我们需要关注不同领域的知识和发展，了解新的技术和趋势，从而更新自己的认知和思维方式。通过不断学习，我们可以更好地理解和适应变化的环境和挑战。

再次，要时刻反思自己的想法和行为，发现自己的偏见和局限性，时刻警醒自己的思维方式和判断标准是否合理和公正，是否受到了个人情感和经验的影响，从而及时调整自己思考的方式和方法。

最后，还要保持谦逊和包容的心态，不轻易下结论和批评他人，尝试理解他人的想法和行为，从对方的角度出发，发现其中的优点和价值。同时，我们也应该勇于承认自己的错误和不足，接受他人的建议和批评，从而不断改进和提高自己的思考能力和水平。

二是要有辩证性思维。

朋友跟你抱怨“农夫山泉不爱国，我们要抵制它”！请问这是事实吗？如果你毫不犹豫地站自己朋友，从友情上可以理解，从理性上则是混淆了“事实”与“观点”。

某次我到一家幼儿园参观，发现他们正在进行一种叫“Facts and Opinions（事实与观点）”的教育，让儿童判断一句话是一个事实，还是一个观点。

比如：糖是甜的（事实）；糖很好吃（观点）。

再比如：他是一个男孩子（事实）；他很胆小（观点）。

简单说，事实就是客观存在的现象，观点是人的主观看法。

从形式上说，事实是一句陈述，而观点常常以“我认为”“我觉得”“在我看来”的形式出现。

评价一个事实陈述，你可以认为它是“真”或“假”，但观点并不分“真假”，只能说“我同意”或“我反对”。

这就是一种辩证思考的能力——至少当大人们夸奖你“真是个聪明的孩子”时，你要知道，这不过是大人在表达一个观点，并不是在讲述一个事实。

区分观点和事实，我们必须找到一个唯一的指标，那就是可证伪性。简单地说，事实可以被证明是“真的”或“假的”，观点却无法被证明，它是说话者内心的看法，别人只能同意或反对，既无法证明是真的，也无法证明是假的。

“今天天气很热。”这句话是事实吗？很多人会觉得是，但是它却毫无疑问是观点，因为它提出的“事实”，只需要一个人跳出来说“我觉得今天不热”，就可以反驳了。

“热”或者“不热”是自我的判断，是一种观点，本身无法被证明，只有说“今天气温是30度”，这种才叫事实，因为温度到底多少度，是可以通过温度计来证实或者证伪的。

圆柱体在不同角度下的二维投影成像

区分观点与事实并不容易，因为事实必须是全面而且真实的，而我们掌握的往往只是局部的事实。正如上图中的圆柱体，从不同角度看过去，既可以是正方形，也可以是圆形，而这两种“眼见为实”，都不是完整的事实。

另外，很多人非常习惯把自己支持的观点当成事实，把不喜欢的事实当成观点，甚至不少文章喜欢把大众认同的观点包装成事实。正如著名的“帝王哲学家”、古罗马皇帝马可·奥勒留在《沉思录》中所说：“我们听到的一切都是一个观点，不是事实。我们看见的一切都是一个视角，不是真相。”

正如农夫山泉与娃哈哈的纷争，到底孰是孰非。自媒体上那些夸张的分析和解读，有多少是事实，又有多少是在“事实”包装下的观点？把这些“事实”辨识出来，是反洗脑的第一步。很难，但是为了获得真实有效的信息，这也是我们每一个人必备的思考能力。

三是要有中立性思维。

为什么同样的事实，每个人会有不同的观点？

观点的背后，隐含着每一个人的立场和利益。只有掌握了对方的立场和利益，你才能明白他每一句话的逻辑和出发点。

有句话说得好：“不要问房产中介现在是不是买房的最好时机。”为什么？因为房产中介的观点，会不自觉地把自己的立场带进去。

他们对于买房是什么立场呢？由于房产买卖可以带来佣金，因此鼓励买卖双方的交易，这是他们潜意识里受到利益带动所形成的立场。而这个立场，又会影响他们的观点，从而在日常的信息搜集、发布中，更有意识地收集和发布一些鼓励房产交易的信息。

这些信息是真的吗？是真的。但是由于受到了立场和利益的影响，这些信息可能是片面的、不完整的、有目的指向性的。

作为购房者，如果你接收到的信息都是房产中介提供给你的，就会很容易得出“当前是买房的最好时机”的结论。这不是房产中介的错，甚至他自己可能都没有意识到这一点。而你所要做的，是在面对信息时，保持一种中立的思维模式，要认识到每条信息背后可能都隐藏着利益，都不能轻易相信。只有把信息中所隐藏的利益剥离，或者从相反的方面获得与此不同的信息来源，才能互相印证，获得更真实、更客观的信息。

当你不再只是单向接受自己认可的信息，而是以开放的眼光看待世界；当你不再固守一成不变的想法，而是会动态调整自己看问题的角度；当你不再以非黑即白的观点看待任何事物，而是接受他人与自己不一样的立场和利益取向，这个时候，互联网广阔的信息资源才能为你所用。正如一句话所说："在一个信息爆炸却多半无用的世界，清晰的见解就成了一种力量。"

信息的成本，不仅体现在信息的不对称上，还体现在信息的传输上。比如，你去办理美国签证，由于你是世界500强公司一员，公司派你去开拓美国市场，你自认为一定没问题，结果却被拒签了。你狠狠地骂这个签证官对你有歧视，没有用心了解你的情况。但现实情况是什么呢？

签证官每天要处理很多人的申请，每次面谈时间可能只有三五分钟，没有办法去深入了解你的真实情况。你只能在这三五分钟内，实现信息的传输。如果没有足够的信息传输到签证官的头脑里，他就无法依据这些信息做出有利于你的决策，那么信息传输不足造成的成本就是，你被拒签了。

这里说明一下，我并不是为签证官辩解，只是想提醒大家：想让对方满足自己的需求，了解对方并呼应对方的关切，会让你更容易达到目的。

再比如，你开了一家蛋糕店，用最好的原料，请了最棒的大厨，价格却是走亲民的低价路线。按道理，你的店应该门庭若市才对吧？事实上，很有可能是门可罗雀。为什么？因为，关于你蛋糕店的这些信息，没有传递到你的目标客群那里。再有性价比的产品，消费者不知道，怎么会来买呢？

你需要打广告，需要通过优惠活动请消费者品尝，需要通过各种各样的方式让消费者知道这是一家“质优价廉”的蛋糕店。由此发生的所有成本，都是信息成本。

生活中也不乏信息成本。拿最基本的相亲来说，你认识的这个对象，是不是真的像他自己说的那么优秀？你们的性格互补吗？你们对未来的想象一致吗？你们对人生的期待能共享吗？你需要通过时间、通过交往、通过共处，来慢慢接收这些信息。这个过程中所耗费的一切，都是信息成本。

毛利率90%的买卖，为什么还能干倒闭了？

做人做事，都有很多隐性成本

2023年底，苹果推出最新款的iPhone 15 Pro Max，被称为近三年来配置提升最大的苹果新机。打破性能上限的3nm A17 Pro芯片，首次利用四重反射棱镜实现5倍光学变焦，还有先进的5级钛金属工艺，无一不向外界展现出实力。

在2024年，最低配版本的iPhone 15 Pro Max价格也涨到了9 999元，是除了折叠屏手机之外价格最贵的智能手机之一。那它的物料成本到底占多少呢?

说了你可能不信，海外测评机构给出的拆解报告显示，iPhone 15 Pro Max的物料成本约558美元，折算成人民币只有4 079元。

有人从而得出苹果手机暴利的结论。但如果把这些物料都给我们，我们是不是能够拼成一部苹果手机并卖出去呢?如果不能，那就说明一定还有别的地方发生了我们看不到的成本。一般来说，这就是隐性成本。

我们要明白，物料成本只是苹果手机成本的一部分，还有很多其他方面的成本也需要考虑，比如研发、设计、生产、运输、营销、售后等。这些成本都是苹果为了提供高品质的产品和服务而必须付出的。如果只看物料成本，就像只看一棵树而忽略了整个森林一样，是不科学的。

最近一个同学在群里说，他在机场临时需要买个水杯，发现一个水杯还不错，价格是259元。买了没多久，他到义乌出差，发现该水杯的批发价只需要24元。

为什么源头的批发价和终端的售价能差这么多?其实，真要算起来，机场259元的价格，可能也没赚到多少钱，搞不好还是亏的。因为我这位同学还真的在返程路过机场的时候，特意去找到了这个商家。商家坦承自己确实是用24元的单价进货、以259元的售价卖出的，但是哪怕有超过90%的毛利润，在扣除机场的店租、员工工资等费用之后，这家店近三年来不仅没赚钱，还搭进去了几十万，估计都干不到店铺租期满就要撤了。

由此可见，在开启一个创业项目的时候，千万不要只看到毛利润就动心了，各式各样的成本会吞噬掉你的盈利空间。

研发、生产、运输、售后，这些成本，大家都还比较容易理解。只是，这些还不是全部的成本。真正的隐性成本，还远不止于此。

比如，信任成本。

对于银行，你愿意把自己的财富都托付给他们，不怕他们卷走你所有的金钱。

对于医生，你愿意躺在手术台上，把自己的性命托付于他。

这就是信任。如果没有这些信任，就会增加成本。

比如，如果你不相信医生，你就只能四处打听，消耗时间，消耗金钱，也消耗生命。这就是信任的成本。

苹果每推出一款新产品，哪怕大家都还没看到实物，开售那一刻，苹果门店前总会出现排长队的抢购者。为什么大家会无脑相信苹果的新产品一定物有所值呢？这就是信任的力量。而建立起这些信任，也是需要成本的。

但是一旦信任建立起来，就是品牌。

就如同你买了苹果手机的所有原料，自己拼装出来一部手机，就会有人买吗？不会，哪怕真的拼装得一模一样。富士康有能力承接苹果手机的组装，意味着也具有采购所有原料自行生产出一部苹果手机的能力，为什么他们却甘心只做组装拿最低的利润呢？也许对于他们来说，让消费者建立起一个品牌的认可，是一个漫长且投入巨大的高风险项目，这份钱不是他们不想挣，而是并非轻易可为。

有的品牌价值动辄几十上百亿，这意味着他们在销售时，已经投入了品牌价值，所以才有资格获取品牌溢价。

解决信任问题不仅仅可以通过品牌，还可以通过第三方的担保。

比如，你打车的时候担心司机绕路多收钱，司机也担心你下车之后不付钱。双方的不信任，会造成选择和时间的增加。如果我们能降低这种信任成本呢？滴滴的出现，只是因为解决了司乘之间的信任问题，就已经造就了一个独角兽企业。

解决了信任问题，也就创造了价值。支付宝的出现不也是如此吗？正因为它解决了网络上消费者和商家不见面的信任危机，才成就了网络电商的巨大市场。

其实，金融行业的出现也正是人们在信任上的探索。

金融最伟大之处是什么？是解决了人类社会最艰难的挑战：人与人之间的跨期承诺（intertemporal commitment）。换句话说，金融解决了人类社会陌生人之间相互不信任的问题。从香港，到拥有华尔街的纽约，都是在金融的驱动下，释放了无数人的能量，一跃而起，成为世界上繁荣的都市。

对个人而言，信任也一样意义深远。

你去求职，需要让公司相信你的能力。于是，你拿出各种职业资格证书，以此来证明自己的职业水平，这些证书就是信任的背书。你为了能够顺利求职，而去考取各种证书，所耗费的精力、财力都是信任成本。

为什么说“男怕入错行，女怕嫁错郎”？

所有成本最终都会成为你的决策成本

相信不少想要创业的小伙伴，都看到过网上炫目的加盟店广告。比如某连锁奶茶店招加盟商，声称每天卖奶茶100杯，每月可以卖3 000杯。每杯原料成本3元，卖15元，毛利率80%！月挣36 000元！年入纯利43.2万！

看着是不是很有吸引力？不动脑不坐班，毛利率80%，轻松年入40万。

当然，品牌方不会告诉你还有哪些成本，最多只会告诉你加盟费5万元，3年有效，每年仅需1万多而已。

我们看看事实上还有哪些成本吧。

一次性投入的资金也是成本。加盟费虽然才5万元，但是店面也要装修吧？再加5万元。等于是开店初期就要一次性投入10万元，未来也无法收回。按照3年的加盟期计算，每月约2 800元，月利润只剩下了33 200元。

日常开支也是成本。人流密集的地段租个店面，按照小店月租5 000元、水电杂费2 000元来算，月利润剩余26 200元。

占用的资金也有机会成本。运营一个小店，房租押金会占用资金，前期进货需要押钱，按照占用10万元计算。虽然这10万元将来可以拿回来，但是如果这10万元用来买固定回报的基金，按照5%的回报率，所占用资金的机会成本就是5 000元，折算到每月是4 100元，那么月利润还剩22 100元。

人工也算钱。一个小店，不可能自动运营吧？起码要有两个人轮班。按照比较低的成本来计算，两个人每月工资加社保，怎么也要12 000元吧。月利润还剩10 100元。

吸引消费的宣传也是成本。一个店面开起来，要让消费者驻足停留，让他们愿意购买你的奶茶，其实也是要花一部分信息成本的。即使只是在周末做一些“买二送一”的活动，成本也有不少。按每月2 000元算，月利润只剩下8 100元了。

自己投入的精力也是成本。作为店主，要经常去巡视，要负责进货出货、店员聘管，要跟周边协调关系。就算你把开店作为兼职，是不是需要耗费半个人的精力？至于这些精力需要多少成本，你可以根据自己的时间成本来算算看。如果你平时月薪过万，那这个管理成本是不是也明显很高了？

这么算下来，这个奶茶店，是不是就没有宣传的那么暴利了？

我们还要考虑到，奶茶店是一个充满竞争的、低技术含量的市场，属于红海，随着加盟店的增加，利润率和客单数都会逐步走低，那时候你的毛利润是不是还会有那么高？

更何况，实际运营期间还会发生很多突发事件，比如，你的店面所在区域要拆迁，需要重新换个地方租房、装修，那么这个生意还是不是划算？

这些又要用到机会成本和沉没成本来计算了。

所以，这么一算下来，我们就明白了：各类加盟店，主要赢利的是授权方。他们通过收取加盟费、卖机器、卖原料获得稳定的收益，而且具有强势的定价权；而加盟者处于弱势，需要独立承担市场风险。开奶茶店只适合那些知识层面和薪水本身处于较低水平的人，因为本身利润不高，只是从为别人打工转换成为自己打工来获得相对稳定收入罢了。

如此看来，如果你只看到了招商海报里的“惊人利润”，而忽视了这些成本，没能够更清晰地看出奶茶店充其量只适合薪资本身比较低的人用来赚取日常工资，就一头扎了进去，你付出的是什么呢？

这就是决策成本。它包括浪费的时间、浪费的金钱、浪费的精力，我们前面所讲到的所有成本，都汇聚在你决策时，成为你的决策成本。

你以为我分析了这么多，是为了不让你去做奶茶店项目吗？不，我想告诉你的是，决策成本才是我们人生中最大的成本。

人们常说“男怕入错行，女怕嫁错郎”，讲的就是一旦决策失误，会对自己的一生造成无法挽回的损失。

比如，那些花了近万元找张雪峰咨询如何填报志愿的人，他们充分认识到了高考结束后，选择报考什么学校，打算读什么专业，这个决策非常重要。如果你前期没有认真筛选，对未来发展没有规划，仓促之间随便选择，最后很可能发现自己并不喜欢、也不适合这个专业。不喜欢也就没办法学好，大学读完了更可能的结果是，本专业里你没有兴趣也没有竞争力，跨专业你没有知识积淀也无从竞争，工作之后又开始模棱两可、左右摇摆。别人都在寻找风口的行业、热门的机会，而你可能还没想过什么叫“风口”。

你看，一旦决策失误，人生之路便越走越窄，这就是决策的重要性。如果你是老板，你的决策可以决定一家企业的生死，企业濒临破产倒闭就是你作为老板的决策成本；如果你是官员，你的决策可以决定一个地区是向上发展还是停滞不前陷入困境，那些老百姓的福祉就是你作为地方政府领导者的决策成本。

对于自己，一旦选准了某个风口行业，所能获得的时代红利也远远超出能力所限。

人生的幸福源于一个个小决策，而人生能否避免痛苦取决于有限的几个大决策。可是，又有多少人慎重地做出重大的人生决策？

因此，不管是自己的人生之路，还是投资的项目，都要先切实提高自己的认知，全面计算好成本，谨慎做出决策。因为你的每一个决策，都决定了你会成为什么样的人，过上什么样的人生。

Part 5

漏财，是因为你对投资有误解，才会在波动中被“割韭菜”

投资就是保值增值

经常有朋友问我，你作为学经济学的“专家”，自己投资每年能赚多少钱？

我老老实实回答：平均下来年化收益5%—8%吧，最近还亏得挺惨的。

这个回答往往会让很多人惊讶，为什么你一个学经济学的，投资回报却这么低，不是很多人都通过投资实现一夜暴富了吗？

由此可见，在财务自由的梦想召唤之下，许多人都想通过投资来实现一夜暴富。在他们眼里，投资无非是找到一个有潜力的理财产品，投入资金，然后回家等好消息。

必须承认，在投资中确实存在一夜暴富的案例。波动性较强的投资市场使得投资者很有可能在短时间内获得极高的收益。然而，这种一夜暴富的现象往往是可遇而不可求的，收益的背后伴随着巨大的风险和不确定性。

站在长期的角度看，能够持续实现正收益率是一件非常难的事情。股票一个涨停板就有10%，有的人一年能赚100%，但是要做到年年都赚10%却很难。为什么呢？因为今年能赚100%，也许明年还能亏100%，那么前面所赚的所有钱顷刻就蒸发殆尽了。

所以，在股市中有一句谚语：“一年三倍者众，三年一倍者寡。”意思就是，短期来看，有的人可能通过抓到牛股而得到很高的收益，但拉长时间看看，能三年赚一倍、十年赚十倍的人，真的是凤毛麟角。

根据2023年伯克希尔年报，从1965年至2023年，巴菲特旗下的伯克希尔公司股票年化收益率是19.8%。由此可见，全球顶级、效益最好的投资机构，也不过就是做到了每年赚不到20%，更何况普通人呢？

然而，20%的收益率加上长时间的坚持，收益的总额是惊人的。从累计收益率来看，1964年至2023年，伯克希尔累计收益率达4 384 748%，即约等于4.38万倍。也就是说，如果你1964年花1万元买入巴菲特的伯克希尔股票，60年后的2024年，你拥有的就是4.38亿元。

可见，真正的投资，不在于短时间内的收益率，而在于能够持续、长期地赚钱，也就是实现财富的保值增值。

保值：“保”住什么？

保的是你的购买力

很多年轻人估计不知道，在20年前，百元大钞是非常难得一见的。要是揣着一百块钱出门，能买到的东西很多。而现在，一百元的现金在手里，估计大家都没有特别的感觉，因为一顿饭都可能会超过一百元。

在我们日常生活中，“钱越来越不值钱”这个问题，大家都能实实在在地感受到。同样一张百元大钞，以前能买的东西很多，现在却买不到那么多了，这就是通货膨胀带来的影响。

钱越挣越多，能随便花的越来越少。这种感受，大家都有。

其实，钱并不等于购买力。甚至社会上的钱越多，我们手里的钱越“不值钱”。

通货膨胀与我们所有人的生活息息相关，因此，我们需要了解什么是通货膨胀，以及通货膨胀会对我们的生活产生什么影响。

“通货”就是钱，我们常说钱是硬通货，就是这个意思。“膨胀”就是多。一言以蔽之，通货膨胀就是钱多了。钱多了，购买力就下降，钱就不值钱了。

钱发多了，超过经济增长，经济“消化”不了，钱就溢出来了，导致商品价格上涨。物价上涨，货币贬值，钱不值钱。

通货膨胀在经济学中是一个中性的术语，适度的通货膨胀有利于刺激经济增长，最显著的表现是货币贬值和物价上涨。通货膨胀一旦严重，就会变成通货膨胀危机。

在近代史上，我们对通胀有一些深刻的记忆。新中国成立前，国民党的蒋、宋、孔、陈四大家族疯一样强取豪夺人民的财富，20年间四大家族的财富翻了20倍。各地军阀更是滥印钞票，使得纸币的面额还没有印钱的纸本身值钱，老百姓想买袋大米得扛着一袋子的钱去。

现代社会里也不乏通货膨胀导致国家濒于崩溃、人民陷入水深火热的例子。

2014年以前的委内瑞拉，简直是地球上的乐土。委内瑞拉的国土面积有91万平方公里，其中可耕地面积近3 000万公顷，在一些地区还能一年三熟，盛产水稻、玉米、高粱等农作物，足以轻松养活三千多万的国民。

其矿物资源更是傲人，全国铁矿储量20亿吨以上，煤储量90亿吨，石油储量占世界储量的4%。2011年的数据显示，委内瑞拉境内探明原油储量有3 000亿桶之多，成为全球第一大探明原油储备国，占全球探明储量的18%。有段时间，委内瑞拉的石油每加仑折合人民币才1.17元，一升油比一升矿泉水还要便宜。

也正因如此，在很长的一段时间内，委内瑞拉的福利待遇好得像天堂一般，免费福利涵盖了医疗、住房、教育等方方面面。

毫不夸张地说，油价每涨一块，委内瑞拉的福利待遇就要增加一块。

可惜盛筵必散。2014年国际油价断崖式下跌，委内瑞拉政府享尽富贵却未曾做好“楼塌了”的应对准备，只能采取加印货币的方式去维持高补贴和高福利，而货币超发又引起了严重的通货膨胀，惨剧就此拉开帷幕。

根据委内瑞拉央行统计，2020年全年，委内瑞拉通货膨胀为3 000%。国家将职工月工资上涨至原来的三倍后达到每月300万玻利瓦尔，按黑市汇率计算，这仅相当于1美元多一点。

截至2019年，委内瑞拉的老百姓季度消费支出约0.53美元，《全国生活条件调查报告》显示，有96%的委内瑞拉人处于贫困状态。

根据非政府组织“委内瑞拉金融观察站”的数据，委内瑞拉2023年的消费者价格涨幅已经比之前低了很多，但仍然达到惊人的193%。根据国际货币基金组织（IMF）的预测，全球190个国家/地区2024年的通货膨胀预期中，委内瑞拉以240%的通货膨胀预期排在第一位。

既然通货膨胀对人们的生活会带来那么多不好的影响，是不是不要有通货膨胀就更好了？

也不是。如果我们减少货币的发行，通胀自然也就不会发生，随之而来的就是通缩压力，企业为了去库存，不得不降价促销，或是降价抢占市场，这拉低了企业的利润率，最终又会影响个体的就业甚至是导致收入的下滑，如此循环往复，就会形成负反馈。

这是通缩的可怕之处，看起来商品更便宜了，但由于企业利润受损，你的收入和就业都会遭受压力，因此通胀和通缩比起来，一定是通胀相对更好一些。

因此，不管你愿不愿意接受，通货膨胀一直在我们身边如影随形，依然会对我们老百姓的生活带来影响。十年前，鸭血粉丝的价格是5元一碗，现在已经15元一碗了。钱正以我们肉眼可见的速度在贬值，同样的5元，十年前可以吃到一碗鸭血粉丝，十年后只能吃1/3碗，购买力下降为之前的1/3。

所以，我们需要找到一种办法，不让我们的钱在物价上涨中失去原有的购买力。比如说，过去你用100元可以买一袋大米，现在可能需要120元了，如果能找到一种方式，让你的钱能一直买到一袋大米，这种购买力的维持，就是保值。

怎么样算是跑赢通胀呢？国际上公认将CPI（国内称为全国居民消费价格指数）作为通胀率的重要参考。CPI是反映一定时期内城乡居民所购买的生活消费品和服务项目价格变动趋势及程度的相对数，通俗点来说，就是用一些商品价格的变动率来反映整体物价变化情况。由于消费物价对个人和家庭生活影响比较大，所以这个指标受到了重视。但要强调的是，CPI不等于通胀，它只是反映生活成本的一个指标。

也就是说，当一个家庭的资产增值速度和CPI增长速度相等的时候，从社会平均水平来说，这个家庭的商品购买力是没有变化的，也就是实现了资产的保值。如果这个家庭的资产增值速度超过了CPI增长速度，那么这个家庭的商品购买力变强了，也就实现了资产的增值。

那么问题来了，近年来我国的CPI是多少？根据国家统计局公布的数据，从2000年到2021年，全国的CPI数值平均为2.18%。

有什么方式能够保证抵消这个通胀的影响呢？

对于咱们平常的老百姓来说，最熟悉也最习惯的理财方式就是把钱存到银行里。据统计，我国居民存款总额全球领先，平均下来每个人在银行都有10万到20万左右的储蓄，这个数字足以看出我们对银行存款的信赖和依赖。

当前，大部分银行5年定期存款的利率是2%，这意味着，如果是把钱存在银行里，活期和短期的定存，肯定无法实现保值，最起码也要5年以上的长期定存才能超过CPI增速。

增值：“增”在哪里？

增在你的财富排位上

刚刚，我们了解了保值，知道如果长期定存利率超过了CPI的增长，就能实现保值，使自己财富的购买力不下降。

但是，仅仅保值，是不是就够了呢？

我记得刚改革开放的时候，“万元户”是对当时率先富起来的一批人的代称，也就是说在当时人均工资只有二三十块的时候，如果你家里能有一万元的资产，这就算是当时的“富豪”了。

那么，我们设想一下，如果50年前，也就是说改革开放前的1974年，你就已经是万元户了。这时候如果把这一万块钱，全部都存银行，办一个50年的定期存款。年利率我们就按照10%来计算好了。现在50年过去了，利滚利下来，你本息一共能拿到多少钱呢？

1 173 908元。

看到这个数字，你觉得是多还是少呢？

10%的利率，肯定是远远超过了CPI的增长，在保值上肯定是远远实现了目标，但是110万的资产虽然在当前来说也不算少了，但距离富豪这个称呼却是有不小的距离。

为什么实现了保值目标，仍然变得更穷了呢？

那是因为，社会财富在持续增加，保值只是保住了你原有财富的购买力，新增加的财富并没有能够通过定期存款来实现同步增长，你在整个社会财富中占有的比例以及排位，都下降了。

中国在过去十多年财富一直保持高增长，最直接的表现就是GDP的增长，从增长率看远超任何国家。如果只是考虑保值，那就只能让你已经拥有的财富购买力不变，而如果没有别的渠道实现收入的增长，或者说增加的速度没有赶上社会财富的增长，就会导致你在社会财富中的地位逐步下降。

一个最直接的例子就是，20世纪90年代甚至21世纪初期毕业的大学生，当时工资可能只有两三千块钱，但那时大城市的房价也不过几千块一平方米，能过万的已经是豪宅了。虽然有点难度，但总还是可以买得起的。七八十万，甚至二三十万就能在一线城市买套房子，放到现在，基本上都过千万了，是全家这么多年来所有工资收入的数十倍。

而现在毕业的大学生，工资最好也不过一两万起步，而一二线城市的房价已经涨到了几万甚至十几万元一平方米了，三四线城市的房价也普遍涨到了一万元一平方米。也就是说，随便在哪个级别的城市买房，基本上都要花费上百万。年轻人别说买得起了，连按揭都很难承受。

这就是财富增长过程中必然导致的结果：财富和收入之间的离散度在加大，劳动形成的收入增长远远赶不上资产创造的财富增长，“人挣钱”远远赶不上“钱生钱”。

这就是为什么我们需要投资，而且需要实现既保值，又增值。

怎么样才能实现保值增值？

要找到财富的锚定物

如何对抗财富的缩水，让自己的财富随着社会财富同步增长呢？

我们要看到，通货膨胀给消费型和投资型的生活带来两种截然不同的结果。

消费型生活中的代表是猪肉价格，猪肉涨价意味着生活成本的提高；投资型生活中的代表是房价，房价上涨意味着财富的增加。

你的财富越多用于消费，那么通胀对你来说就更多意味着收入的贬值，消费的增加；越多用于投资，通胀就意味着财富的溢价。

比如，在盘点你的财富时，你发现自己的资产主要是汽车这些消费品，你就要明白资产一定是在贬值和缩水的。但是如果大多数是房产、土地、股票等投资品，虽然是会涨涨跌跌，但是总还是有机会实现增长。

这个也就很直白地告诉了大家，要想不被通胀打败，就必须尽可能多地配置到投资型财富上面。但是也要知道，投资型财富必然面临涨跌的风险，并不一定能确保你的财富不缩水。

那么，怎么样才能让自己更好地实现财富的保值增值，起码要做到不缩水呢？

说到这个话题，经济学家们发现了一个有趣的现象——虽然通胀年年在增加，市场却一直有个锚定物，来体现社会总价值的稳定。

潮涨潮落，有了船锚，船的位置就能相对固定下来。财富锚的含义大概也是这样的。

锚定物，顾名思义，就是把你的财富锚定起来。

什么样的东西才能起到锚定作用呢？一点财经总编辑严睿通过研究发现，“每一轮财富洗牌中，赢家总是持有核心资产的投资者。所以所谓核心资产就是能穿越经济周期，能跑赢大势、能对抗通胀的资产”。

每个时代都有属于自己的核心资产，纵观中国乃至世界，房产在近代一直作为优质的核心资产存在。从国外到国内，核心区域的优质房产，即使历经经济危机、萧条、复苏、繁荣等周期，仍能处在价值高地之上，经受住市场考验，并表现出极强的保值增值能力。

在过去的一二十年里，房产是中国财富的最大锚定物。而房产确实也给了中国家庭丰厚的回报，很多人通过住房投资，让自己的财富锚定下来，在只拿基本工资的情况下，让自己的财富与那些创业的老板们实现了同步增长。甚至某些时段“炒房”超过了实业，造成了“脱实向虚”的特殊现象。

锚定的意思不是只涨不跌，而是保持财富的均值不变。比如，即便房价下跌10%，那你在一个城市的财富排名也不会发生较大的变化，因为大家基本都配置了房产，要跌一起跌，你本身锚定的财富阶层并没有发生改变。而如果你没有配置房产，很可能会在过去20年里出现阶层滑坡。

大家可能觉得如果只是一套自住房，价格涨跌并不重要。但是在过去的20年，正是有了房子的那批人，才抵抗住了通货膨胀带来的货币贬值效应，锁定了自己在社会财富中的排位。

随着房产价格逐渐稳定下来，房价已经无法继续起到锚定甚至超越的作用了。

一方面，房地产规模正在进入无增长时代，整体房地产投资进入稳定期，像过去常见的三年一倍的涨幅如今基本很少见，未来会更加少见。特别是随着中央“房住不炒”的定性，房子的居住属性更加明显，投资属性开始逐步消退。住房投资的快速升值预期已经逐渐消退。

过去20年地产投资的年回报率在10%以上，未来可能下降到3%甚至以下，低于物价上涨，甚至出现局部地区的跌价。

而另一方面，更长周期的投资产品，比如股票、基金、理财等证券类产品规模在加速扩大，而且市场预期收益率更高。当然因为风险不同，回报有好有坏，但是很重要的一点是，投资有风险。特别是在短期内可能出现比较大的波动，体现在账面上就是“浮亏”。只有找到有长远价值增长机会的投资品并长期持有，才有可能跨越周期的波动，这就导致了投资方向的天平已经逐渐向长周期的投资理财产品倾斜。

今后，一套到两套房产依然会是刚需，但在刚需之外，更多的财富锚定来自股票、保险、贵金属、基金等投资理财产品，因为这是相对于房产，更加与社会财富增长挂钩的投资项目，也能够实现与社会财富增长的锚定。

普通人到底咋投资？

不认路，就走大路

这是韩国一个富豪对于如何投资房产的经验：他在江南地区买下自己心仪的一处楼产，原楼主是一位60多岁的男性，拥有的好几套房产都实现了增值，于是他请教这位楼主：“您能传授给我一个买入房地产的关键点吗？”

楼主说：“我只买从地铁站出来后一眼就能看到的建筑。这样的地段，当天贴上招租或出售公告，当天就有人来联系。”地铁站旁边的建筑物当然昂贵。但它可以挑选不同支付能力的承租人，而且容易变现，这样一来，最贵的也就是最便宜的。非专业的房地产投资者能够获得的最大、最安全的收益就来源于位置，如果没有别的因素要考虑，那么以位置为中心购买房地产总不会出现太大失误。

我们去一个城市旅行，走大路就一定能到达。很多时候，明明有大路，很多人却非要找捷径，到头来可能会彻底迷路。我们作为普通人，如果没有能力、精力在投资这条路上特别深入地钻研，那么就朝着资产指明的大路走吧。

一是房产。

对于中国人来说，“居者有其屋”是让人心稳定下来的基础。因此，不管投资需求还是居住需求，购买一套属于自己的房子，还是会成为很多人入门的第一选择。

那么，应该买什么样的房子呢?

位置，位置，位置。

首先，一线城市的房产永远是稀缺的。

当前，中国人口增长已经达到极限，后续人口规模的回落将成为大概率事件。人口的减少，会影响很多基础行业的需求。特别是对于居住来说，今后房屋的增长，主要将来源于改善型需求和旧房改造的需求。因此房屋总体需求增长有限，之前全国各地房价普涨的情况将难以再现。

这种情况下，什么地方的房屋更能保值增值呢?一线城市。越是人口减少，人口的密集度越会增长，这时候一线城市的人口反而会更多，对房屋的居住需求会持续维持在较高层面，那么房价也就更有支撑。

其次，核心地段的房子永远是稀缺的。

之前我们在聊到价值的时候，分析过为什么上海外滩的房子更有价值，是因为这个地段所附加的资源，在其他地段难以实现。这个规律不仅适用于上海，也适用于各个城市。

如果因为工作生活需要，你要在所在的城市购买住房，也请尽量选择核心、周边配置齐全的地段。

之前有朋友很喜欢购买待开发地段的房子，期待政府出台开发规划之后，获得升值红利，这也是过去几年他在房产投资上一直成功的方法。但是现在他却陷入了困境，一方面是随着基础设施建设的放缓，很多新开发地区的开发速度慢下来，预期的开发计划没能如期实现，那么他以前投入购买的房产也迟迟无法出手。另一方面，即使是那些进入规划实施并确实实现了房产增值的项目，由于实施后大多人气不足、周边配套需要长时间完善，曾经涨起来的房价也快速下跌，甚至跌破了他的成本。

所以，正如我们前面所说，不认路，就走大路，找到那些已经配套成熟的核心地段，才更具有抗跌性。

再次，环境优美的房子永远是稀缺的。

随着中国人富裕程度的提高，以及老龄化的深入，度假型、养老型的居住需求会逐步增加，这类需求往往对环境要求比较高，这也是近年来海南度假住房价格持续走高的主要原因。如果你提前投资这类住房，一定要把度假地的位置放在首要的考虑因素内。

二是保险。很多人对于保险的理解，主要是医疗保障。其实，随着保险行业的发展，保险已经不再单纯只是人身、医疗等方面的保障功能了，还发展出了理财功能。

有个著名的标准普尔家庭资产象限图，用来指导家庭理财方式的组合。它根据资金用途把家庭资产分为四个类别，分别为：要花的钱、保命的钱、生钱的钱和保本升值的钱。

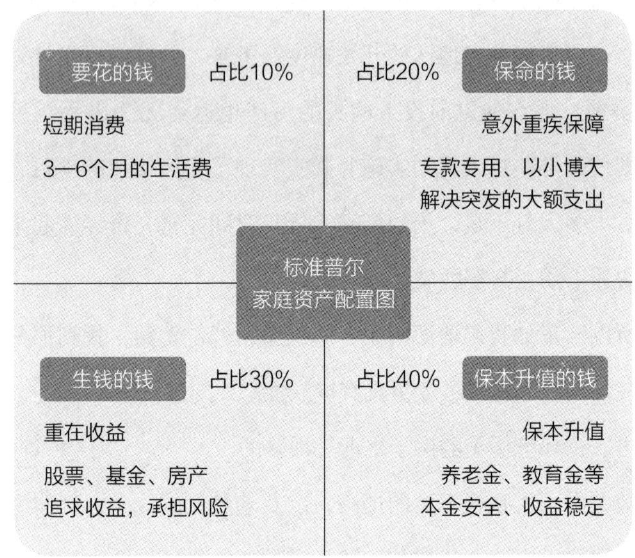

标准普尔家庭资产配置图

“保本升值的钱”是其中最重要的一个部分，这类资产最明显的特征是：

要保本。因为将来某个确定的时段，我们需要有确定的支出。比如我们退休后需要按月得到一定的养老金，比如子女上大学需要得到一笔教育费用。

要升值。随着经济增长和物价上涨，货币是在持续贬值的，钱躺在银行吃利息是远远赶不上货币贬值速度的，那么我们就需要寻找一种渠道，在确保本金安全的基础上争取更大的升值。

“分红保险”就是为了解决这一需求而来的。分红保险，指在获得人寿保险的同时，保险公司将实际经营生产的盈余，按一定比例向保险单持有人进行红利分配的人寿保险品种。相对于传统保障型的寿险，分红保险向保单持有人提供的是非保障性的保险利益。红利的分配还会影响保险公司的负债水平、投资策略以及偿付能力。

分红保险有三个非常突出的特点：

首先，风险非常可控。为了保障保单持有人的利益，保证保险公司的持续经营，各国保险监管机构都非常重视对分红保险的监管，保险监管的重点集中在分红产品的红利演示、分红基金的红利分配、分红基金的信息披露、保单持有人的合理预期和分红基金的负债确认等诸多方面。因此，从资金安全角度来说，保险理财的安全性远高于其他投资渠道，符合“保本”的需求。

其次，收益稳，回报低。很多人在看待分红保险时，将重点放在了理财保险的回报率上。事实上，分红保险作为一种理财手段，在收益方面低于其他投资渠道，如果消费者希望通过保险实现高额收益，那么就是把“生钱的钱”错配到“保本升值的钱”上来了。因此，在看待分红保险时，必须明确这个保险的首要目的是“保本”，这一诉求的意思是风险承受能力低，也就限定了它的收益率不可能很高。但是，由于保险集合的资金时限长、流动性差，所带来的好处就是可以投资于长期回报的项目，从而获得稳定、持续的投资回报。正如我们所知，回报再高但不稳定的收益，都无法实现复利增长，因为一次亏损可能就把前期复利的增长都给湮灭了，只有稳定、长期的增长，才能实现复利的魔力。

最后，分红保险还具有避税和资产保全功能。由于保险的特殊性，各个国家在法律制定和税收上，都对保险留下了一定的灵活空间。因此，通过分红保险，可以合法规避一定的所得税和遗产税。也可以通过受益人的指定，在面临破产、清算、债务等纠纷时，为家人留存一定的生活所需。特别是在资产传承方面，还可以简化遗产继承的复杂法律关系，特别是回避婚姻的“共有”关系，使财产传承更具有个性化，因此分红保险受到了很多中产阶层和富裕人群的欢迎。

三是定投基金。对于比较成熟的投资者，购买股票是一种更高收益的选择。但是对于刚刚入局的小白来说，股票的高风险也是显而易见的，一只股票选择失误，就可能血本无归。因此，先从基金入手，是熟悉投资市场的更好路径。

交易所里有很多股票，每只股票的价格都在随时变动，有的涨，有的跌。而指数就是一个能够及时反映股票市场整体涨跌的参照指标。

举个例子，我们经常说的沪深300指数，就是挑选了沪深两市300只股票来编制的指数。其中，指数里的股票被叫作指数成分股。

说完指数，理解指数基金就简单多了。指数基金就好像是指数的影子，它是以某个特定的指数为目标，通过购买指数中的成分股来构建投资组合，通过跟踪指数，力求做到和指数如影随形。比如很多基金公司都推出了“沪深300指数”，就是参照沪深300指数来进行投资的基金。

为什么不需要太多操作的指数基金，收益会高于基金经理费了老鼻子劲的主动型基金呢？

一个重要的因素，就是指数型基金所跟踪的指数，已经是精选过的股票，这些股票本身回报率是领先于其他股票的。而且指数的成分股也会随着时间来添减，新的优秀股会被纳入，表现不好的股票会被剔除，从而保证了指数成分股的稀缺和优质。

这也是巴菲特多次推荐指数基金的理由。在2021年巴菲特股东大会上，巴菲特又一次表示，从长远来看，大多数投资者都能从简单地购买标准普尔500指数基金中受益，而不是挑选个别股票，即便是伯克希尔也包括在内。他说：“我推荐标准普尔500指数基金，但我从未向任何人推荐伯克希尔，因为我不希望人们因为觉得我在给他们灌输什么东西而去买它。在我去世时，（旗下的）有一个基金其中90%将购买标准普尔500指数基金。”

为了证明自己的推荐合乎现实，巴菲特还曾发起过一个“十年赌约”，三年后才有一个优秀的基金经理接受挑战。在进行了十年的业绩对比后，最终验证了“标普500”的被动基金收益，比华尔街顶级基金经理的主动操作收益更高。关于这个赌约，有很多有趣的故事，这里不再详述。大家可以参阅我另一本书《长得好看能当饭吃吗——提升认知的33个经济学常识》，也可以在网上搜索。

确定了投资基金的组合，还需要根据自己的现金流持续投入，这时候，我们就进入了一个重要的概念：定投。

基金定投（Automatic Investment Plan，AIP）是定期定额投资基金的简称，是指在固定的时间（如每月8日）以固定的金额（如500元）投资到指定的开放式基金中，类似于银行的零存整取方式。

基金定投，会获得更大的投资回报吗？

是的。投资盈利的基本路径就是低买高卖，最理想的当然是从最低点买入，最高点卖出，以获得最大的盈利。

但现实是，我们都没有识别预测最低点和最高点的能力，我们做不到以最低的价格买入、以最高的价格卖出。所以，我们可以改变思路，退而求其次，以相对低的价格买入，以相对高的价格卖出，这就相当于放宽路径。

问题的关键是怎么去放宽路径呢？就是利用成本平均法，在价格下跌的时候分批买入以摊低成本，成本低了，收益自然也就高了。比如，一只基金净价10元的时候你买了1万元，跌到5元后再买1万元，现在你的成本是多少？是两次的平均值7.5元吗？不是，而是6.67元。因为你一共花费了2万元，买到了3 000的份额，单位成本远低于平均值。这就是定投最神奇的地方——下跌时赚份额、上涨时赚收益。

我还没钱投资，咋办呢？

最好的投资是自己

巴菲特曾在接受采访时表示：“一个人最好的投资，就是投资自己。”没有人能夺走你内在的东西，每个人都有自己尚未使用的潜力。在自己身上的投资，无论是从物质到精神还是从内在到外在，均可终身受益，持续增值。

那么如何投资自己呢？巴菲特还说过另外一句话：“人生就像滚雪球，重要的是发现够湿的雪和一面够长的山坡。如果你找到正确的雪地，雪球自然会滚起来，我就是如此。”

其实人生就是一场价值投资，你的时间是你的最大成本，你的行动就是你的买入。甚至，你的职业就是你的雪道。正如《优势成长》一书说道，“一个人的优势，无非四件事：做有天赋的事，完全相信你自己，找到你的拿手好戏，把它变成你的必杀技”。

首先，你要加强学习，要紧跟新形势，要追逐新的风口和行业，投资和投身其中，始终保持自己的认知在第一线，才能得到发展。学习中一个最大的误区是一直在自己已知的知识里打转。在已知里打转是什么场景？

看到一句很有道理的话，复制下来发朋友圈：“太对了！”别人讲一个观点：“我太同意了！”重复看那些给自己带来爽感的内容；做事的时候下意识地只关注那些自己想关注的点，没有系统性和逻辑性；和别人的沟通没有疑问和探讨，只有赞同附和……

这就是自己的陷阱，像迷宫一样，每天依然觉得自己学到了很多知识，见识了很多世面，但却是在自己已经经历过的世界里一直重复和打转。

我们反思一下，自己看了一本书或者一篇文章，你兴奋的是那些让你很“认同”的部分，还是那些让你很“疑惑”甚至觉得“不对”的部分？

其实，答案是比较显而易见的。因为绝大多数人看书，只是在把“未知的已知”转化成为“已知的已知”而已。也就是自己说不上来的道理被别人说出来了或者被大佬肯定了，感到神清气爽，很开心。

然而，有多少人看完一些资讯后，会突然发现自己之前从未考虑过这方面，会觉得自己有一些方面是需要改进的，会疑惑为什么他会这么认为，然后花时间去亲自找原因？

这些，远比沉浸在那些与别人共鸣的开心里，要重要得多。

其次，要保持能力的保值增值。跟随社会的变化，不断提升自己的能力。比如，对于从事会计行业的人员而言，在30年前可能最重要的一项基本功就是要会打算盘。但是就算当时你打算盘技术娴熟，甚至获得了全国打算盘第一名，现在又如何呢？你必须跟着财务技术的进步，去学习Excel的应用以便进行财务分析，去学习计算机编程以便运用财务软件，去学习提示工程（Prompt Engineering）以便使用ChatGPT提高数据整理的效率。

最后，最重要的是，要让自己的能力“由内而外”发散。要让外界感受到你的价值，这就包括了你能为别人赋能，你能展示出来的实力，你的沟通能力等等。

比如，你具备了扎实的会计功底，准备去面试一家世界500强公司的财务岗位。那么，如何才能展示出自己的能力，从而获得更好的工作机会呢?

对于这家公司的HR来说，他想要招一个会计功底比较强的人，也许会有100个人来应聘，又如何才能最高效地筛选出来这个人?

他不可能一个一个地去面试，一个一个去深入了解，来不及。他必然是先总结优秀的财务人员应该具备哪些特点，比如名牌大学的会计专业毕业，通过注册会计师考试。HR就可能会先用这些条件进行筛选，从而缩小面试的范围。虽然那些被筛掉的非名校应聘人员中，可能隐藏着最优秀的财务人员，但是没办法，HR不能够通过高效的措施筛选出来，就只能抱憾。

所以，你要有能力，而且要能够展现出来。注册会计师考试等职业能力的认证，就成为一项非常重要的背书。

正如同我们经常说的“伯乐识马”，你再是良驹，伯乐站在你面前，你不表现出来，伯乐又从何而知？

我们终其一生所追求的，就是遇见更好的自己，遇见更好的人生。而这些都需要我们不断经营自己，唯有不遗余力地投资自我，方能真正抵御住漫漫人生的风霜雨雪。

Part 6

漏财，是因为你没有应对好风险，才会在逃避中远离收益

收益是对承担风险的补偿

人生天地间，长路有险夷。

我们的一生并非坦途，而是存在许多当下可见或不可见的风险：疾病、伤亡、选错伴侣、交错朋友、教育失败、吃错食物、投资失误，等等。生存的每时每刻都充满不确定，如何应对这些风险，力求在各种情形中艰难求生、化险为夷，这不仅仅是决定我们漏财与否，还直接关系到我们的人生旅途。

经济学家、作家本杰明·斯坦讲过这样一桩事：他与诺贝尔经济学奖得主米尔顿·弗里德曼在纽约散步，走到了一个十字路口，恰巧是红灯，但是没有任何车辆和行人往来，所以本杰明准备走下人行道过马路，但米尔顿拦住了他说："还是等绿灯吧。"

本杰明说："放心，没有车很安全。"

米尔顿却说："本杰明，可能确实如此，但我为什么要用我的余生来冒风险，就为了节省这20秒？"

Why should I risk the rest of my life to save 20 seconds?

米尔顿的这句话也展示了他生活中是如何对待风险的。

投资大师查理·芒格前不久以99岁高龄去世，他说过："生活和生意上的大多数成功来自你知道应该避免哪些事情：过早死亡、糟糕的婚姻、染上艾滋病、在路口和车抢道、吸毒，等等。"

在财富管理领域，一个人的财富多少，不在于他曾经创造和累计了多少，而在于他最后能够留下多少。剥离了风险，能够留下来的财富，才算是一个人真正的财富。

那么，我们在人生和投资的各个环节，该如何看待风险呢？

低风险高收益的投资机会在哪里？

天上掉的馅饼是会砸死人的

经常有朋友问我，如何才能找到低风险高回报的项目？

我只能回答："我找不到。如果你找到了，也不用告诉我。"

经济学告诉我，高收益一定伴随着高风险，诱惑越大，风险越高。

巴菲特的老师、享有"华尔街教父"美誉的本杰明·格雷厄姆说过一句很有意思的话："牛市是普通投资者亏损的主要原因。"

为什么这么说？因为每当牛市的时候，很多投资者都禁不住诱惑，盲目追涨，最后无法及时止损。

那么，低风险为什么不能有高收益？

我们先来设想一下，某银行推出了一款保本型理财产品，存入1万元，一年过后返回2万元，可以算作低风险高收益了吧。

无风险，年回报100%。这样的项目，如果又是你最信任的银行推出的，你会买吗？你会，我也会，所有人都会。

那会发生什么？既然大家都抢着要，银行又不是傻子，这么好的项目，大家都疯抢，那我为什么要给你这么高的回报？我降低一些回报，把利润留在自己手里不好吗？

那么，年回报降到50%，你还会要吗？当然要。银行定期存款才2%的回报，这么明显的差价肯定划算。

于是，银行愿意付出的回报继续降。降到什么程度呢？降到大家不再认为这是个低风险、高收益的项目，而是一个风险和收益比较匹配的项目。这时候，需求也变得合理，不再疯抢。

这就是市场调节的作用，银行要追求利益最大化，绝不会轻易地把这么好的便宜事随便送人。我们大家对低风险的确定性期待，自然也就拉低了高收益的可能性。

现在我们明白了，想要获得高收益就必须承担高风险，低风险的项目收益就无法高，必然通过市场竞争变成合理的收益。

所以，当有人跟你推销年化回报50%、100%的“无风险项目”时，你只需要问一句：“这么好的项目，卖方是傻子吗？”

如果卖方不是傻子，那他就是在把你当傻子。

现实中，不乏号称高收益的投资项目或者理财产品。甚至有很多自称投资大师的人，在贩卖“无风险投资”的课程，号称“八节课实现财富自由”等等。

大家一定要反复提醒自己：任何投资都是风险与收益并存。所有实现财富自由的路径都不可广泛复制，没有任何“高手”能够教会你确定的高收益知识，唯一的确定性就是“割韭菜”的人和被“割韭菜”的人。

而那些有可能高收益的理财产品，一定是设计复杂的结构性理财产品，风险被小心隐藏在了细节之中。如果大家遇到这种投资项目，一定要冷静下来弄清产品说明书的每一个细节。

此外，任何销售者号称的预期收益率，都不等于实际收益率，也不是保证收益率，依然存在难以如期足额兑付的风险。

重要的话背三遍：保本项目的回报不可能超过5%，除非违法犯罪。

这就是风险。说起来简单，但从经济学诞生以来，关于什么是风险的讨论就从未停止。股票交易所成立至今，大家早已经意识到交易中蕴含着各种风险，但是风险到底是什么，如何衡量风险，却一直没有定论。

直到1952年，哈里·马科维茨在其博士论文中对风险提出了自己的定义。其使用的数学方法如此简单，以至于答辩委员会犹豫是否授予其博士学位，但是他给出的定义虽然简单，内涵却相当深刻，以至于直接影响了资产管理行业。

简单来说，风险可以理解为对于期望收益率的偏离程度，并且波动率即方差越大，该项资产的风险越大。

意思就是，我们对于自己努力想要实现的结果会有一个期待值。比如高考我们都想考某所大学，但该大学录取分数线是600分。如果A发挥比较稳定，模拟考试的时候最多考到610分，最少也有590分，总体来说相差不多。但是B发挥就比较不稳定，好的时候能考到660分，差的时候也会掉到540分。那你觉得，谁考不上的风险更大？

这只是一个简单的例子，来说明风险是什么。当然考大学的风险高低主要源于自己的水平和努力程度，但是如果一件事得失的风险是外部因素造成的，却需要你来承担结果，你会愿意吗？

你当然不愿意。那怎么样你才会愿意承担风险呢？必须给予一定的回报。承担的风险越高，就必须给你更高的回报，你才会愿意。所以，经济学上，把收益视为承担风险的补偿。

那么，承担了高风险，就一定会有高收益吗？

我们说收益是对承担风险的补偿，不代表承担风险就会有收益。

什么叫高风险？就是有很大概率出现损失。这就意味着承担高风险，不仅不能保证有高收益，甚至很大概率上没有高收益，也很可能连收益都没有。

这，才叫高风险。

如果一定带来高收益，那这个所谓的“一定”不就说明它是低风险吗？

保守点，不要冒险不就没风险了吗？

你想逃，但终将无处可逃

我们了解了风险与收益的关系，现在该怎么做呢？

首先，我们不能惧怕风险。

很多人觉得，既然投资都有风险，那么我远离风险、确保绝对无风险，不就可以了吗？

风险是可以避免了，但是就失去了回报的可能性。我身边有些朋友，特别害怕被“割韭菜”，对一切投资、理财的项目都不沾不碰，所有的存款都放在银行作为活期存款，而且还以很熟知内幕的样子跟我说：“现在存银行也不保险，每家银行最多只能存50万元。因为万一银行倒闭了，根据国家的存款保险制度，最高赔偿金额为50万人民币。”

所以，他所有钱都分散存在了不同的银行里，只存活期，每家不超过50万元。

这样风险确实低了，但是收益呢？

我们之前谈过通货膨胀，知道银行活期存款的收益率比CPI要低。站在财富的购买力上来看，不仅没有收益，还年年贬值。这不也是一种损失的风险吗？与其看着钱不停流失，那还不如花掉呢。

所以，在面对风险时，我们不应该过于保守。对风险的逃避，并不能让风险自动消失。

当然，我们也不能为了收益而忽视甚至故意加大风险。

比如，负债投资，也就是加杠杆，是常见的选择高风险以寻求更高回报的方式。当收益率为正的时候，通过加杠杆确实能成倍地获得更高回报。但是，杠杆是把双刃剑，如果杠杆率超过了自己的承受能力，一次失败就可能倾家荡产。

特别是在高风险的项目上，加杠杆带来的“爆仓”经常让很多投资者血本无归。比如，特斯拉股票在美股市场上经常会发生比较大的波动，一天之内往往可以上涨10%以上，也可能下跌10%以上。

假设你现在有1万美元的资本，在投资特斯拉股票的时候，如果不加杠杆，不管怎么波动，你只要没在低点卖出，永远都有机会期待特斯拉股票涨回来。

但是如果你加了10倍的杠杆呢？

好的可能性是，特斯拉涨了10%，你的收益就变成了100%，1万美元秒变2万美元，看起来非常香。但一旦股价跌了10%，你的本金就全部归零。

这还不是最可怕的。最可怕的是，这个时候就会要求你追加保证金，如果你没有更多本金投入进去，或者来不及追加，就会被强制平仓。

也就是说，如果在一天之内，特斯拉的股票先跌10%以上，然后又迅速涨回来，对于正常投资者来说不赔不赚，而对于加了10倍杠杆的投资者来说，所有本金就已经全部归零，没有机会等到特斯拉的股价涨回来的那一刻了。

高风险会倾家荡产，低风险没有回报。那该怎么办呢？

用曾任耶鲁捐赠基金首席投资官的大卫·斯文森的话说就是："管理好风险，收益自然就有了。"

管理好风险，意味着我们不能对风险有敌意。要知道，收益正是来自风险，不承担风险就无法获得更高收益。但是承担过高风险，也会让自己陷入收益折损甚至归零的危险中。关键是正确认知自己的风险承受能力，并匹配合适的投资项目。

首先，我们要把握自己的风险承受能力。大家在银行、证券公司开设投资账户的时候，一定会被要求做一个风险承受等级的测试，这个正是为了让大家的风险承受能力跟自己投资项目的风险相匹配。

正确认知自己的风险承受能力，在可以承受的范围内接受风险、利用风险去获得更大收益，但是坚决不要超出自己的承受能力去投资高风险项目。因为一旦发生损失，可能远远超出自己的接受程度。

一个最基本的计算：如果你的投资项目亏损了50%，想要再涨回原来的价值，需要上涨多少？很多人会下意识地认为，需要再涨回来50%，不就是涨跌抵消了吗？实际上，需要涨100%才能回到原位，也就是说，“亏一半”的坑需要“翻一倍”才能填平。但是一旦跌下去，想要涨50%和涨100%，其中的难度完全不是同一个等级了。就像《繁花》里爷叔所言：“从屋顶跳下来，只要八点八秒，但再想从底下爬回屋顶，却要一个钟头。”

我身边也有一些朋友，看到高收益的项目，脑袋一热就冲了进去，不仅All in（全部投入），甚至还有加杠杆的，最后无一不是家破人亡。

那么，风险承受能力是怎么计算出来的呢？大家可以对自己的家庭资产做个清查。一般来说，拥有丰厚的固定资产，有稳定的收入来源，有较多的闲置资金，风险承受能力就高一些。

比如，假设一个人已经全款买了两套房，近期也没有换房计划，目前手上有100万元现金闲置，每月还有5万元的固定收入，生活中也没有特别大的开支计划，那么这种情况下风险承受能力明显就更强一些。因为如果他拿100万去投资，万一亏了50万甚至更多，都不会影响他的基本生活，甚至丝毫不会降低他的生活品质。

但是，对于一般的工薪阶层，即使是收入还不错的白领阶层，如果要用一部分的收入去偿还房贷，此外还有两个孩子在读书，那么他的风险承受能力就比较低，不能去买高风险项目。因为一旦发生损失，会大大降低他的家庭生活品质，甚至无法脱身。

总体原则是，资产类型要“有攻有守”，持有一部分高成长风险资产，持有一部分保守型资产。高风险资产需要保守型资产的保护。如果满仓高风险资产，回撤要做好六成以上的准备。很多人过高估计了自己对波动的承受能力，也没有做好熊市长达三五年的心理准备，熬不住就会动作变形割肉离场。相反，如果持有一定比例的保守型资产，在熊市的时候可以慢慢腾挪，换成更高比例的高成长风险资产。这样可以更好地控制回撤，优化持股心态，帮助你扛过周期。

那么，一般设置多少比例的高风险资产呢？具体比例因个人而异，理论上保守型资产能覆盖家庭支出3年以上是最好的，覆盖的时间越长越能拿住好的风险资产，家中有粮，心中不慌。

有位理财专家提供过一个自我风险承受度试算公式：100-目前年龄＝可承担风险比重。例如：目前年龄35岁，则代表可将手中闲置资产中的65%（100-35＝65）投入较高风险像是股票等积极型的投资，其他35%则建议投入保守型的投资。通过这样双向的投资配置，有助于财富稳健增长。

由此，大家也可以看出，一个人的风险承受能力，是会随着自己的家庭状况逐步改变的，自己的投资也应该随之而改变，更好地配置自己的投资组合。

为什么越有钱的人赚钱越容易？

钱，只有流动起来才能创造价值

现实生活中，我们还会经常听到这样的抱怨："我们做员工的拼死拼活给公司赚钱，结果就只能得到基本的薪水。老板啥都不干，凭啥利润都是他的？"

没错，企业价值确实是由员工共同创造的，但为何老板的收入远远大于员工呢？

那是因为，高收益是对承担高风险的补偿。

企业的定义中明确写道："企业一般是指以盈利为目的，运用各种生产要素，向市场提供商品或服务，实行自主经营、自负盈亏、独立核算的法人或其他社会经济组织。"

"自主经营、自负盈亏"，正是区别老板与员工的本质。同时，还有一个关键因素：老板要向公司投入生产要素。什么是生产要素？土地、资本、技术等等都是生产要素。归结为一点，就是要投钱。

犹太人的金钱法则就是：钱是在流动中赚出来的，而不是靠克扣自己攒下来的。他们崇尚的是“钱生钱”，而不是“人省钱”。

在商业社会里，任何产品只有流通才有价值。钱也是一样，只有流动起来了，才能创造更多的价值。

相应的代价就是，钱可能流进来，也有可能流出去。赚钱的老板身价千万甚至上亿，这只是很多人看见的光鲜。人们看不见的是，也有无数的老板投入了巨额的资金，但是不赚钱，甚至以个人身家在亏损运营，资金持续流出。即使是那些在挣钱的老板，一旦遭遇业务下滑、行业衰退，或者是遭遇疫情这样的不可控因素，也很有可能倾家荡产，颗粒无存。

但员工呢？企业一旦破产清算，排在第一位的是清偿员工工资，可谓是“任尔东西南北风，都得工资不放松”。

在经济低迷的时候，很多人的第一反应是死死地捂着钱袋子，不创业、不投资、不消费。虽然这是危险来临时动物的本能反应，但这恰恰是与经济规律相背离的。正如我们经常说，危机，是危险也是机会。这时候，富裕的人群，反而有充足的财富拿出来投入流动，创造价值，从而也更有机会获得更多财富。这也是为什么我们总是发现，每一轮经济危机过后，富人群体的财富都实现了新的快速增长，贫富差距在进一步加大。

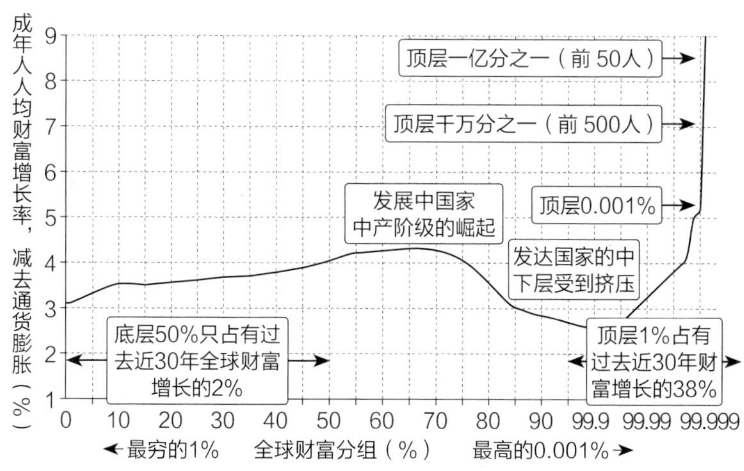

1995—2021年平均年财富增长率

上图源于《2022年世界不平等报告》：在1995年到2021年之间，世界上最穷的一半人财富每年增加3%到4%左右。因为这组人本身的财富水平就很低，相对而言的财富增长也很低。世界上最穷的一半人只占有了1995年以来全球财富增长的2.3%。全球顶层的1%人群享有更高的财富增长率（每年3%到9%），他们占有了1995年以来全球财富增长的38%。

我们之前说到，高收益来自高风险，那为什么是流动性创造了财富，而不是那些喜欢冒险的人，获得更高收益呢？

因为，风险的承受力，不是一句简单的“我喜欢冒险”就算是具备高风险承受力的。风险的承受力更多地体现在，你在面临高风险时，特别是投资出现巨额亏损、看不到希望，甚至亏损已经无法挽回的时候是不是有定力、有耐力、有恒心坚持下去。最重要的是，你是不是有能力扛得住这个亏损。

对亏损的承受能力，主要与自己的资金流动性需求相关。比如，一个人再有毅力、恒心和风险承受力，但是他没钱。或者假如全部身家投入进去面临大幅度亏损的时候，刚好家里需要一笔钱来治病。虽然他明知道这个投资再过两个月就能回弹，但他的资金流动性需求逼迫他割肉离场。

大家都知道，定期存款比活期存款利率高。这是因为你牺牲了这部分钱的流动性，失去了随时动用这笔资金的权利，才获得了更多的回报。

这就是高风险投资回报的来源——资金流动性。

有一句话叫“短线是银，长线是金”。但是，看上去简单的长线投资，其实真的没有那么简单。一只股票你要拿几年的时间，便意味着你要经历股市大的动荡。从短期来看，你的股票会经常面临亏损。比如你选择做长线投资，很可能一只股票拿一年的时间，前面11个月都是亏钱的状态，最后一个月才能赚钱。如果你的资金经常有流动性需求，时不时地要撤出来，就很难扛到最后一个月的赚钱时机。

这也正是坊间流传“越有钱的人，赚钱越容易”的原因。

在同样的投资理念下，在对投资项目的同样认知度下，如果你本身对资金流动性要求比较高，日常生活中一旦发生任何风吹草动，就会影响投资的持续性。而有钱人的资金更为丰富，不需要做短期内的介入，甚至对短期内发生的损失接受能力也更强，所以也就更能从风险中获得收益。大家想要实现长线投资获得更高回报，就必须做好自己资产的流动性管理。

流动性，对于大多数的城市居民家庭来说还是比较陌生的。因为在过去相当长的时期，我们更注重的是财富的积累，而没有想到重新把资产变成现金。尤其是对拥有房产的家庭，其拥有的资产可能更多的是在账面上的财富，而从来没有想着去把它再次进行交易变现。

进入存量财富管理的新时代，我们就要开始注重家庭财富在资产配置时的流动性，这是资产配置中非常重要的原则。

不论拥有财富的多寡，每个家庭都要生活，赚钱最终是为了更美好的生活。生活里面必然包含了吃喝拉撒这些日常开支，甚至还会包括像按揭还款、上学、留学、就医以及出国旅游之类的一些相对比较大额的开支。

每当面临这些大额支出的时候，都需要有一些能够及时变现的资产来进行支付。不可能在面临这些支出的时候，再说我去卖一套房子，或者说我去卖一个家里面的收藏品。你的支出可能只是三五万，但一套房子动辄百八十万甚至千八百万，显然这之间是不匹配的。但问题是有的家庭不注重家庭资产配置的流动性管理，那他们会发现到时候自己没有现金来支付了。

在英国留学的时候，我经常会到一些历史庄园里参观。这些庄园都隶属于一个叫作英国国民信托的机构。它成立于1895年，是一家完全独立于政府的慈善组织。作为欧洲最大的自然保护慈善机构，国民信托承担着“永久保护全国具有历史价值和自然美的土地与建筑”的历史使命，管理着超过25万公顷的土地，500多处历史悠久的房屋、城堡、古迹、公园和自然保护区以及100多万件艺术品。国民信托的影响力遍布英格兰、威尔士和北爱尔兰地区（不包括苏格兰）。

它管理的这些土地和建筑，很多都是捐献来的。

在英国历史上，很多富人建立了豪华的庄园。但是他们去世后，后人在继承这些资产的时候，必须缴纳一笔巨额的遗产税。这对于那些看起来富裕，但是财富主要以庄园、土地等固定资产形式存在的家族来说，是一笔筹措起来非常困难的开支。即使缴纳遗产税实现了财富继承，后续的庄园维护和房产税等依然是巨大的开支。很多捉襟见肘的富豪后代无力打理这些庄园，要么任其逐步荒废，要么就捐赠给国民信托来打理。

如今的国民信托已经名符其实地成为全英国最大的私人土地所有者，以及全球规模最大、结构最完善以及最有实力的民间环保组织之一。由此也可以看出，有多少富豪家族由于在资产配置时没有留足流动性资金，以至于世代传承的庄园不得不捐赠出去。

鸡蛋没放进一个篮子，为什么还是都碎了？

你把所有篮子都放同一辆车上了吧

“不要把鸡蛋放在一个篮子里”，是有关投资的名言中流传最久、最著名的一句。

事实上，这句话是意大利的俗语。美国一位翻译家在翻译塞万提斯的小说《堂吉诃德》时，把“智慧之人为了明天，今天会谨慎行事，一天之中不会进行任何冒险”这句话意译成了这句俗语。

这个俗语蕴藏着应对风险的经济学含义，那就是如何分散风险。

风险是客观存在的，不代表风险不可以被分散、降低或消除。因为风险有概率，所以它可能发生，也可能不发生。这种情况下，如果我们投资的项目足够分散，即使有个别项目遭遇风险，造成了损失，也只是局部的，不会影响整体收益。这就是“不要把鸡蛋放在一个篮子里”。

把不同类型的投资进行组合，这个在经济学上叫作投资组合理论（Portfolio Theory），由我们前面提到的风险和收益的定义者——美国经济学家马科维茨于1952年首次提出，并进行了系统、深入和卓有成效的研究。他因此获得了诺贝尔经济学奖。

投资组合理论的意思是：不同风险等级的投资组合，收益率是各个投资的加权平均，但是风险却低于各个投资风险的加权平均。

也就是说，通过投资组合，我们可以在收益不变的情况下降低风险，从而获得更好的回报。

甚至通过计算，我们能够得到一个“有效前沿”，就是说通过风险资产和无风险资产的组合，得到最优的配比，实现最大化的投资回报。

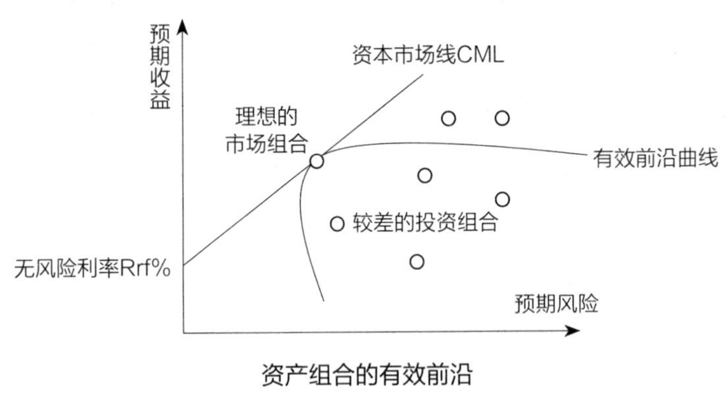

资产组合的有效前沿

这是什么意思呢？就是说，如果我们做好资产配置，是可以在承受的风险水平上，实现最高预期收益的。

当然，这个组合会因人而异、因风险承受度而异、因市场变化而异。但是它起码给了我们一个思路，提醒我们有效配置自己的资产非常重要。

但问题在于，并不是把几个不同的投资项目放在一起就是投资组合了。就如同，即使我们把鸡蛋放在了不同的篮子里，但是所有篮子又都放在同一驾马车上，一旦遇到颠簸，不同样都会摔碎吗？

比如，你在投资中比较偏好股票，为了做到分散投资，你买了阿里、腾讯、美团、拼多多等各家的股票。看起来是分散了，但是它们都属于互联网平台企业，一旦互联网平台这个行业发生了剧烈波动，你购买的所有股票都会同步遭受这一风险的冲击。

所以，投资组合意味着在多个资产类别之间进行资金的分布，以便降低单一资产或资产类别波动带来的负面影响。比如说，除了股票，你可能还需要在债券、现钞、不动产和其他资产类别中进行投资。甚至不仅在资产类别之间进行多样化，还应在每一类资产内部选择不同的行业、公司或国家进行投资，以增加组合的多样性。

不把全部的资产集中在一个或几个类别里，意味着即使市场在某一时期内极度不稳定，或者某些特定资产表现不佳，整体投资组合也有可能维持相对稳定的收益。

那么，需要分散到多少个类别里才能最大化地规避风险呢？经济学者迈尔·斯塔特曼的调查显示，由10个种类所构成的分散投资能够消除84%的突发性危险。

然而，正如我们之前说过，经济学总是存在不同的观点和流派。投资组合理论虽然获得了诺贝尔经济学奖，在主流经济学家中得到普遍认同，依然存在异议。

比如，在对分散投资的看法上，巴菲特曾两次提到："如果你一共有40个妻妾，那么你将不会了解她们中的任何一个。"

巴菲特认为，分散投资是无知者的自我保护法，但对于那些明白自己在干什么的人来说，分散投资是没什么意义的。

他提出，投资者应该“把鸡蛋放在一个篮子里，并且看好它”。因为他觉得，在时间和资源有限的情况下，决策次数少的成功率自然比投资决策多的要高。

在巴菲特看来，任何超过100只股票的资产配置组合，都可能是不具有逻辑性的，因为任何第一百只股票在实际上都不可能对整体的投资组合产生正面或负面的影响。相反，他认为，将资金集中投资于你能力圈范围内的行业和企业，其实是降低了风险。

事实上，这也正是巴菲特投资的核心逻辑。2023年，从巴菲特的伯克希尔所披露的股票持仓来看，投资组合公允价值约79%集中在美国运通、苹果、美国银行、可口可乐和雪佛龙5家公司上，其中的第一大重仓股苹果就占了50%的仓位。也正因为苹果股价的带动，伯克希尔2023年全年净利润达到962.23亿美元，实现了15.8%的年度收益率。

那么，我们到底应该将资产分散还是集中呢？资产集中虽然可能获得更大收益但是也提升了风险，更适合那些对投资目标有深刻认知、商业分析能力比较强的人，也就是巴菲特所谓的“明白自己在干什么的人”；资产分散虽然收益低，但是相应的风险也低了更多，对于投资小白来说，也更为稳定和持续。

不知道读到这里的您，又会怎么样打理自己的投资项目呢？

花那么多钱买的健康险从来没用上，还要继续买吗？

每个人都要有自己的“安全边际”

我们都希望规避风险，避免风险来袭时给自己带来的冲击，减少要付出的代价。

怎么样才能规避风险呢？

根据经济学上的风险控制理论，有四种风险转移的方式：

一是风险回避。风险回避是投资主体有意识地放弃风险行为，完全避免特定的损失风险。简单的风险回避是一种最消极的风险处理办法，因为投资者在放弃风险行为的同时，往往也放弃了潜在的目标收益。在生活中，也可以理解为类似于“君子不立于危墙之下”的预防性措施，让自己远离风险。

二是损失控制。损失控制不是放弃风险，而是制定计划和采取措施降低损失的可能性或者是减少实际损失。控制的阶段包括事前、事中和事后三个阶段。事前控制的目的主要是为了降低损失的概率，事中和事后的控制主要是为了减少实际发生的损失。

三是风险转移。是指通过契约，将让渡人的风险转移给受让人承担的行为。通过风险转移过程有时可大大降低经济主体的风险程度。风险转移的主要形式包括合同转移，也就是通过签订合同，可以将部分或全部风险转移给一个或多个其他参与者。另一种是保险转移，是使用最为广泛的风险转移方式。

四是风险自留，即风险承担。也就是说，如果损失发生，经济主体将以当时可利用的任何资金进行支付。风险保留包括无计划自留、有计划自我保险。无计划自留，是指风险损失发生后从收入中支付，即不是在损失前做出资金安排。当经济主体没有意识到风险并认为损失不会发生时，或将意识到的与风险有关的最大可能损失显著低估时，就会采用无计划保留方式承担风险。一般来说，无资金保留应当谨慎使用，因为如果实际总损失远远大于预计损失，将引起资金周转困难。有计划自我保险，则是指可能的损失发生前，通过做出各种资金安排以确保损失出现后能及时获得资金以补偿损失。有计划自我保险主要通过建立风险预留基金的方式来实现。

对于我们来说，除了做好风险回避减少风险发生之外，对于那些无法回避的风险，那就是要通过风险控制，来确保风险降低到我们的“安全边际”（margin of safety）之内。

因为投资是不确定性的游戏，任何时候我们都不可能有100%的把握确定自己投入全部筹码能获胜。承认投资的不确定性、随机性，就要为错误留有余地，冗余是保证安全的唯一办法。牛市中留有适度现金，看似是一种低效的行为，但是持有足够的现金可以更加从容，面对可能的大幅回撤可以更加淡定。

安全边际，其实就是冗余，体现的是我们所能承受的最大损失。比如说，投资的时候我们能承受多大比例的亏损，生病的时候我们能拿出多少钱来治疗？

在“安全边际”之内，我们通过承担风险来获取更大的收益，但是在“安全边际”之外，特别是面对会影响我们的生活、可能需要远超我们能力的金钱去弥补的风险，最有效的办法就是进行风险转移，减少风险来临时对自己的冲击。

比如说，当我们遭遇突发事件导致人身伤害或者重大疾病的时候，应该怎么办？

对于富裕家庭而言，即使是最严重的疾病，所需的医疗费用也可以轻松应对，那这就不是风险。“赌王”何鸿燊2009年7月摔跤导致中风，此后常年在香港养和医院治疗，至去世共计十余年，花费了15亿港币的天价医疗费用。这笔资金对何家来说只是九牛一毛，算不上什么损失，但是对于我们普通家庭来说呢？

通过购买医疗和意外保险，让自己在遭受人身伤害之后，在有医疗需求的时候，能有足够的金钱实现更高水平的救治和生活保障，这就是一种规避风险冲击的方式。

很多人跟我说，每年都交那么多钱的保险，但是从来没用上过，钱都白花花地流走了，多浪费啊，这不是漏财吗？

不！这不是漏财，这正是我们规避风险的意义所在啊！如果我们有何家的身家，购买保险自然只是为保险公司“慷慨解囊”。但是由于这件事情一旦发生会让我们无力承受，哪怕需要付出一些代价，正如所谓被保险公司“割韭菜”，我们也应该有所防范。

对于我自己来说，每次接到保险公司的通知单，需要缴纳下年的重疾险的时候，我也都在心疼过去一年的钱又白交了。但是，白交证明厄运没有降临，不也正是好事吗？同时，每次续交完保险，我就对将来一直保持心安，因为哪怕厄运降临，我也做好了充分准备，不会因此而带来无法挽回、无力承担的影响。

再者，保险公司收取的利润是“割韭菜”吗？正如我们所说，高收益来自承担的高风险，保险公司替我们承担了厄运发生的影响，等于是我们将厄运发生的风险转移给了保险公司，保险公司因为替我们承担风险而收取一定的利润，不也是应该的吗？

“中产返贫三件套”屡现，如何防止人生“爆雷”？

敢冒风险，但不要甘冒风险

网上很多人调侃式地总结出“中产返贫三件套”——老婆不上班、房贷上千万、孩子读国际。

为什么中产阶层会因为过度消费而返贫呢？

在经济快速发展的阶段，我们习惯了收入和生活水平一天比一天好。顺境待久了，就变成了理所当然，以为会一直这么持续下去。

然而，风险永远都不会缺席。当个人的收入不再如预期般持续增长，之前的高消费行为就变成了难以承受的负担。

我们一定要有未雨绸缪的风险意识，因为这就是人生，风险永远存在。正如我们不可能带着100%的期待去行动，我们也不可能要求风险为零才去行动。

如果你对风险非常厌恶，凡事都希望没有任何风险才肯行动，那么只会导致两个结果：要么你因为在事后发现事先没能觉察到的风险而后悔，要么你就寸步难行。

很多人会说，如果我们能预计到风险的发生，是不是就可以规避风险了呢？

能被预测、被提前规避的，那就不叫风险了。

即使是最理想的状态，我们也只是可以猜测到一个事件可能发生的结果，但是无法预计发生的时间和准确后果。比如，我们知道这个城市处于地震带，有很大的可能性会发生地震，但是我们无法预测地震的时间和强度。因此，面对风险，我们只能做好应对的准备，而不是寄希望于预测。举例而言，位于地震带的城市建设的所有房子都要达到抗震的要求，万一某一天地震突然来临，就可以起到防震减灾的作用。

因此，一个更合理的思维方式是：不要追求没有风险，而是在可控的范围内，把风险降低到能接受的程度，减少生命的不可控因素。这也正是上文我们提到风险控制的第一个办法——风险回避。

著名投资家爱德华·索普被誉为量化投资界“皇冠上的明珠”。他认为，想要活得久，活得健康，最重要的是把各种非必要风险降到最低，并将整套方案渗透于他生活中的方方面面。

比如，他居住在南加州的橙县，但要时不时飞去纽约。如何坐飞机，索普有着一套自己的法则。

他有两种选择：第一是去离他家非常近的橙县机场，但因为是小机场，航班选择很少，有一些也是转机；第二是开车到洛杉矶机场，单程需要60多公里，但机场大，去纽约的航班选择就丰富得多。

换成你会怎么选择？

索普对这个问题做了分析：

开车出事故的风险，如果以每英里来计算，是坐飞机的100倍甚至更多，这是一个高得惊人的数据，所以他避免开车去洛杉矶机场。同时，坐飞机最大的风险阶段来自起飞和降落，所以他会避免转机，而是选择直飞。虽然从橙县直飞去纽约的航班很少，不方便。但他宁可选择这个“不方便”，并称这就是最优选择。

按照他的计算，其实这样也就降低了一百万分之一的风险。但他说是值得的，因为这是他可以控制回避（get rid of）的风险。

再比如，他曾经在马路上慢跑训练，但一次读到在马路上跑步被车撞的统计数据时，他立马停止了这个行为，宁可在不太方便的人行道上跑步散步。

他把人生中任何风险的规避划分成3个步骤：认识（Awareness），分析（Analysis），行动（Action），即认识到可能存在的风险，通过分析评估（比如搜集论文或报告）来分析风险发生的概率及风险发生后的结果会多糟糕，最后决定可以采取哪些措施来规避它们。

基于这三个步骤，他列出了生活中的风险规避清单，或者说“不为”清单：

不抽烟，不靠近吸烟的人（不吸二手烟），一周只限制喝几杯酒（他还是觉得太多），控制体重（包括饮食+运动），不骑摩托车和公路自行车，不乘安全性差的汽车、第二世界或者第三世界的航空公司航班……

这么来看，索普的长寿健康也就在情理之中了。

如果说，索普为了降低风险对生活中很多风险程度非常低的事项都过于纠结了，那么巴菲特则对于重大风险有着充分的警惕。在2024年致股东的信里，他写道：“伯克希尔的一条投资规则从未改变也不会改变：永远不冒资本永久性损失的风险。”

资本永久性损失，也就是让你倾家荡产，甚至人身受损，永远无法挽回的损失。对于我们每一个人来说，生命和健康才是财富和其他一切的资本。只要你还在牌桌上，就不算彻底失败。

1976年，苹果公司的第三位联合创始人、苹果最早期标识的设计者罗纳德·韦恩，因为与乔布斯在公司发展上产生巨大矛盾，一气之下决定离开，并以800美元的价格将他全部的苹果股份（占当时公司股份的10%）出售给乔布斯。

仅仅4年之后，苹果上市，乔布斯立即成为百万富翁。如今苹果公司的市值已经超过2万亿美元，如果韦恩没有卖出的话，这部分股权市值已经超过了2 000亿美元。

但是他表示："我的决定让我能够继续发展自己的兴趣，坦率地说，我一点儿也不后悔当时离开。"

令人唏嘘的是，失去成为全球顶级富豪机会的韦恩获得了享受自己兴趣的生活，但赢得这场争执并成为世界顶级富豪的乔布斯却不幸患病离世。

这就是生活，无所谓输赢……

看到这里，你是不是又回想起这篇文章开头诺贝尔经济学奖得主米尔顿·弗里德曼说过的那句话："我为什么要用我的余生来冒风险，就为了节省这20秒？"

Part 7

漏财，是因为你没有学会概率，才看错了人生的可能

只谈毒性不谈剂量都是耍流氓

为什么天气预报总是不准?

为什么买了很多彩票总是不中奖?

生活中，我们总会期待一个理想的结果，然后发现结果并不理想。

那是因为，我们在进行决策或预测一件事情的时候，我们内心真正想要的是一个确定性的结果，而不是模棱两可的可能性，所以就很少会去计算事件发生的概率。比如，我们想知道：今天股市会不会下跌，我买的股票最高涨到什么价位可以抛，明天上司要宣布的晋升对象是不是我，这次考试是不是能够通过，这班飞机会不会误点……

然而，这些事情都无法事先获得确定的结果。我们经常抱怨天气预报不准，明明说下雨，结果太阳当头照；明明说多云转晴，结果多云转成了雨雪交加。天气预报真的是“天气乱报”吗?

其实，目前的天气预报技术，对于48小时之内的预测，已经能做到非常准确了。但预报毕竟是预报，只是对未来天气变化的分析预测，而不是对已发生事件的准确描述。

当天气预报做出“多云转雨”的预测，往往意味着有70%的概率会发生多云转雨的现象。事实上，在所有预报多云转雨的日子里，可能确实有70%的日子都多云转雨了，但是并不代表每一个预报“多云转雨”的日子都会如此。

这就是概率的意义。

我们在评判一件事的时候，如果只看到这件事发生的可能性，而不去考虑可能性的大小，就会陷入“只谈毒性不谈剂量”的陷阱。

为什么那么多成功的企业家都是辍学创业？

幸存者偏差：我们总会选择性地误解概率

美国《华盛顿邮报》第一畅销书作者戴维·萨克斯在走访了200余位默默无闻的小微型创业家后，发出了这样的感慨：“一股创业浪潮早已在悄悄蔓延，溢出硅谷，激励全世界数百万人以前所未有的规模开创自己的事业。固定岗位的吸引力在下降，包括千禧一代在内的年轻人迫不及待地想自谋出路。”

在中国，创业也越来越成为一个热门的话题。随着中国网络经济和共享经济的快速发展，很多创业者迅速崛起，甚至三五年就站上行业顶端，成为亿万富翁。

创业似乎变得越来越容易，创业成功也成了理所当然的结果。一拨拨刚出大学校门就直奔创业之路的新鲜青年，前赴后继地加入创业者的行列。36氪研究院在其《2021年中国硬核创业者调研报告》中表示，40%的创业者为长大了的90后，其中细分Z世代人群（于1995年后出生的人群）占比也有16%。

根据新华社的报道，截至2023年9月底，全国登记在册民营企业数量超过5 200万户，民营企业在企业总量中的占比达到92.3%。2023年前三季度，全国新设民营企业706.5万户，同比增长15.3%。平均每天就会有大约2.6万家新公司注册成立，平均3.3秒就会有一家新公司成立，真的可以说是一眨眼的工夫就有一家公司创立。

然而，千军万马过独木桥，幸运女神的眷顾却不会如此雨露均沾。如果把IPO（首次公开募股）作为创业成功、实现财富自由的标志，2023年全年国内仅有406家企业达成此目标。相对于每年新注册的公司数量而言，这个比率连万分之一都不到。

甚至连企业存活率都没有人们想象得那么高。根据国家工商总局某次新闻发布会透露的消息，2021年全国各类市场主体累计注销1 323.8万户，其中企业是349.1万户，个体工商户961.9万户。而当年新设企业约为900万户。由此可见，仅以企业维持下去作为判断依据，也有三分之一的企业被淘汰。

创业失败为什么是大概率事件？因为人们总是高估自己的水平。比如90%的司机觉得自己驾驶技术比其他人高。所以推演下来，每一个人对于自己创业成功这件事都是有乐观估计的。另外，人们还总是低估事情的难度，比如看到海底捞成功了，就认为做火锅行业肯定是风口，只要开个火锅店就能赚钱，于是一窝蜂地涌了进去。

事实上，每个行业都有成功的机会，但是机会都只留给了个别人。高估自己的水平，低估事情的难度，都是没有精准把握概率，而这只会让创业失败的概率更大。

我们感觉创业成功的概率很高，是因为我们总是听到很多成功的案例，从而在我们内心形成了一个印象：创业等于成功，成功等于财富自由。

这就是幸存者偏差。我们在分析问题时所依赖的信息全部或者大部分来自显著信息，较少利用不显著的信息或者彻底忽略“沉默的信息”，因此得出的结论与事实情况就可能存在巨大偏差。

比如，我们听到很多著名企业家都曾经辍学创业，比如比尔·盖茨辍学创办微软，史蒂夫·乔布斯辍学创办苹果公司，马克·扎克伯格辍学创办Facebook，等等。于是各种各样的鸡汤文章在网络上比比皆是，鼓吹学历不重要、读书无用。如果你恰好成绩不太好，是不是也觉得能像他们一样，未来很美好，随随便便登上福布斯，不用学历也能笑傲江湖？

然而，了解了幸存者偏差，就会知道，企业家辍学创业成功的只有这么几位，更多的企业家都有着扎实的学识和教育背景。即使是这几位，也都是从哈佛等著名高校辍学，能进入这些名校的人已经是“幸存者偏差”了。

而现实中，如果我们真的因此而辍学，恐怕最大的可能就是继续沉沦于社会的底层，没有翻身之日，没日没夜工作，寄希望于下一代。这才是残酷的现实。

幸存者偏差又叫“死人不说话”。这个比喻来自医疗领域，只有活下来的人才有机会出来鼓吹治疗是多么有效，死去的人没有机会出来争辩。

在日常生活中，最明显的例子就是“我亲戚吃这个药好了”或者“我一个朋友去找了这个老中医”等。

不管你的亲朋好友和你关系如何好，如何值得信任和尊重，在客观规律面前大家都是等同的，疾病和医药不会因为你的喜好而照顾或者偏袒你的亲朋好友。

人们给成功者戴上光环，以为他们的行为导致了他们的成功，其实也有可能他们的做法是错的，只是幸存下来了而已。因为没有幸存下来的人可能做法是一样的，只是没有机会讲出来，或者哪怕讲了也不会有人听。

之所以会产生幸存者偏差，就是因为我们没有正确认识事情发生的概率，仅仅从一两件个例上就贸然得出普遍性的规律，从而让我们误解了真实世界的全貌。

那么，如果我们认识到创业成功并不是个大概率事件，是不是就应该放弃呢?

一件事情如果能有比较高的收益，即使概率低，我们也可以利用概率的集合来放大收益的可能性。

比如，既然创业失败是一个大概率事件，为啥那么多投资机构还在投资创业公司呢?每个创业项目，都是一个成功率极低的高风险投资，但是作为风投的VC（风险资本），为了规避单个投资项目的失败概率，需要通过集成大样本来规避风险。

那些成功的风投机构，你只看到他投资某个项目获得了巨额回报，你没看到的是，为了不错过任何一个可能成功的创业项目，他们会投成百上千个各个领域的创业项目，哪怕只有1%的成功率。因为这一个项目所带来的回报，足以覆盖其余99%的失败创业的损失，甚至还能盈利。

你看，这就是正确认识概率，并利用概率来整合风险、提高收益的方法。

对于个体，我们又该如何提高创业成功的概率呢?

刘润在《底层逻辑2》里给出了一条“创业成功公式”：

整体成功率=100%-（100%-基础成功率）×尝试次数

根据这个公式，提高整体成功率有两个办法：一是提高基础成功率，二是增加尝试次数。

这也是为什么我们说正确的事情要重复做，正确的事情就是能提高基础成功率的事情，而重复做就是增加尝试次数。

可即便这样，我们还是无法保证100%获得创业成功，因为这个世界上没有100%的成功率。就算你有了99%的整体成功率，依然有1%的可能会失败。

我经常跟同事们说，做事情一定要“尽人事，听天命”，因为要做成一件事，必须尽自己最大的努力，只有倾尽全力才能提高成功的概率。听天命，就是说，付出了自己的所有努力之后，要尊重概率的不确定性，也就是运气。我们不能指望只要尽力了就会有好结果，因为好的结果是有运气成分的。在这一点上，很多成功者都有清晰的认知。比如，马化腾说“我创业初期70%靠运气”，雷军说“企业的成功85%来自运气”。

但这不意味着因为成功需要运气，我们就可以不用努力了。反而，只有尽全力的人，才有资格坦然接受运气之神的光临。即使最终没有能够实现预期的目标，我们也能坦然地说，我已经尽力了，没有遗憾。

总是运气不好，我该躺平吗？

“大数定律”：可别为了反内卷，把自己给“外包”出去了

即使我们能够做到尽人事听天命，如果运气一直都不降临，我

们该怎么办?

先来讲讲我自己的故事吧。大学毕业那年，我以全省公务员考试第一名的成绩进入体制工作，可以想象我当时是多么意气风发。可是不到半年，我就找不到努力的意义了。

不知道大家有没有遇到过这种挫败感：你辛辛苦苦加了一周的班，抵不上别人一句话的否定；你每个月拿到的工资，大部分要用来交房租：你想要买房，但是房价上涨得比你积攒收入的速度更快；你攒了一年的积蓄，打算去欧洲旅游，却发现很多人一出生就住在你梦想的城堡。

总会有一些事情，是你无力改变的。一次、两次、三次的挫败会让我们怀疑，努力在运气面前，有多大的机会？所以最近几年我们看到，反内卷、躺平，成了很多人最后的反抗。但是，原地躺平，把自己“外包”给运气来主宰，我们就能“躺赢”吗?

运气这件事，在经济学上，可以用概率来解释。

我们先来玩一个抛硬币猜正反面的游戏吧。大家觉得，一枚硬币，抛出去正面的概率是多少，50%对不对?

那如果我第一次抛出来是正面，大家觉得，第二次是不是就应该是反面了?

如果我连续抛出10次正面，大家会觉得，第11次总该是反面了吧?

连续10次都是正面这种情况已经是非常罕见的，连续11次都是正面的概率是不是应该更低？这时候赌反面的机会是不是应该更大？

事实上，下一次是正是反，谁也无法预知。并不是说因为前面十次抛出正面，这次抛出反面的概率就会更大一些。为什么呢？

这里我们要重温一个概率论的名词，叫作“大数定律”（Law of Large Numbers），是随机变量序列的算术平均值向随机变量各数学期望的算术平均值收敛的定律。

说“人话”就是：在随机事件的大量重复出现中，往往呈现几乎必然的规律，这个规律就是大数定律。

更通俗地说，这个定理就是在试验条件不变的情况下，重复试验多次，随机事件的频率近似于它的概率。

如果还感觉无法理解，那我们可以举个例子：我们常用的骰子有六个面，抛出的那一刹那，你知道落地后会是什么结果吗？

不会。不管你猜哪个点，都是靠蒙的，蒙对的概率只有1/6。

那么，如果你连续抛12次，是不是每个点数都会出现两次呢？并不是，有可能是连续12次都是1点，也有可能出现4次3点、6次4点和2次1点，任何可能的情况都会出现，任何可能的结果都是合理的，任何结果出现的概率都无法确定，这正是随机性的意思。

不过如果是连续抛1万次、100万次骰子呢，这时候再来猜落地后是什么结果，你是不是就能猜出来了？

当随机事件发生的次数足够多，那么结果就会从无法预测的随机事件，变成具有确定性的结果：每个点数都会出现平均且一样的次数。

大数定律的结论就是：无数的偶然，最终导致某种必然。

也就是说，概率只有在样本数足够大的时候，才有意义。当我们归类到一个或者几个具体的个例上，却未必能够按照概率来发生。

据说，在美国追击本·拉登的过程中，奥巴马总统的智囊团曾不止一次提醒他，本·拉登有30%到95%的概率藏匿于巴基斯坦的阿伯塔巴德城。但总统听闻却不以为然。他回应称：“在我看来概率就和扔硬币一样是50%。”

是的，在实践中，无论概率高低，对于每个个体来说，只有两种可能：是或者否。比如，我们说某种癌症的发病率是0.5%，意味着10亿人里面，可能有500万患者。但是具体到个体呢，只有两种可能：患，或者不患，任谁也无法预测会不会患，以及什么时候患。

股神巴菲特曾经提出一个灵魂拷问：如果左轮手枪的6个弹孔里只有1发子弹，让你对着自己的头开一枪，给你100万美元，你愿意吗?

大部分人的回答是不愿意，原因大家都懂，这个风险太大了。

巴菲特接着说了，接下来我们把条件放宽一点：手枪有100个弹孔，还是只有1发子弹，对着自己的头开一枪，给你100万，你愿意吗?

这回愿意的人多了一些，在他们眼中，100万美元可以帮他们解决很多困难，俗话说“富贵险中求”“人生能有几回搏”，干了！

可是，他们忘了，我们如果只看到概率而没有看到概率之下的结果，也会误入歧途。正如网上一句名言所说：“我很确信我有五根手指，但如果我弄错了自己手指的数目我就会死，那我会多数几遍。”

以巴菲特的老师格雷厄姆为例，他小时候经历了家族由富变穷，对不确定性有骨子里的厌恶。他足够聪明，足够专业，足够用功，也在年轻时积累了足够丰富的经验。

然而，在大萧条面前，这位华尔街的教父依然没能逃脱，几近破产。因为这个小概率的浪头是如此巨大，如此漫长，足以卷走所有由智慧与谨慎构建的堤坝。

从1929年9月到1932年大萧条的谷底，道琼斯工业指数大约缩水了90%。一篇文章记载，1930年初，亏损还不多的格雷厄姆到佛罗里达州去会见一位商人。老人已经93岁了，做了一辈子生意，他告诉格雷厄姆说，别在这里空耗时光了，你应该赶紧坐火车回纽约去把股票都卖了，清偿掉债务，然后做你该做的事情。

然而格雷厄姆非常自信，不仅错过了这最后的逃命机会，而且还以为市场没事了，试图翻本的他加杠杆进场抄底……然而，“所谓的底部一再被跌破，那次大危机的唯一特点是一个噩耗接着一个噩耗，越来越糟”。

对于时代而言，20世纪的大萧条，也许只是一个黑天鹅似的小概率事件。但对于个体而言，却可能是在劫难逃的一生厄运。

正如巴菲特总结的那样，如果某个结果我们无法承受，那么它出现的概率再小我们也不应该去冒险。即使你预测正确，决策正确，然而随机性的世界分布并不均匀。聪明且谨慎如格雷厄姆，在遭遇大萧条时依然熬不过去。人生短暂，我们的关键选择和决策很多时候被小概率事件支配，最终左右了我们的命运。

因此，做出一个决策的关键，不是那些大概率的事情发生时所带来的喜悦和吸引，而是相对应的小概率事情发生时你的承受力。

例如，你有一个十倍回报的投资机会，成功率高达90%，可以让你的一百万变一千万，一千万变一个亿，这可是一个阶层跃迁的大机遇啊，即使保守如巴菲特都会建议你拿个大盆去接。那么，你应该抵押自己的房子去接住这个机会吗？

这个问题没有标准答案。

你唯一应该考虑的是，假如10%的小概率事件发生，自己的房子被亏掉了，你能接受这个结果吗？

之前我们在讨论“风险”的时候，谈到了保险的意义。

但是对于保险，很多人一直持有异议。比如，我有个高智商的朋友，是门萨俱乐部的会员。他就认为，医疗保险是保险公司的骗局。为什么呢？因为医疗事故发生的概率，乘以你万一患病可能发生的医疗费用，就是这个疾病的期望代价。比如说，某种癌症的患病率是0.5%，一旦患病需要支付的医疗费是100万元，那么患这个病的平均代价就是5 000元。但是，你所缴纳的保费，肯定是超过这个价格的，这正是保险公司的利润来源。

保险公司之所以赚钱，就是因为我们害怕，所以才被“割韭菜”。

保险是“割韭菜”吗？从他的计算上来看，这么说确实没毛病。但问题是，作为个体，我们没办法计算出自己患病的可能性，也没能力随时准备好100万来治疗。

其实，保险正是大数定律的集合。患病的风险对我们个体来说无法预测，因为样本太少了。但是只要样本足够多，那么患病的发生概率就是可统计的，患病带来的损失就是可以用钱衡量的，那保险公司也就可以把该风险量化成一个确定的数额，这就是保险费的基础。

所以，买保险对投保人和保险公司是双赢：投保人把难以预测的风险转化成确切的费用，避免风险发生带来巨额损失；而保险公司靠大数定律锁定风险，从中赚取费用。

这就是保险的意义，保险公司将个人无法预测、无力承担的风险，通过风险集中的方式，利用大数定律确定可能发生的概率以及可能造成的损失，再通过精算锁定要付出的代价，分散出售给个体，从而实现了“风险集中，收益分散”的效果。

那么，回到我们最初的问题：如果总是遇到生活的挫折，我们应该躺平吗？

还是从大数定律里面找答案：一次两次的结果是偶然，只有足够多次的尝试才能得到确定性的结果。如果我们只是经历过一次两次三次的失败，就认为成功的概率为零，于是就躺平了，放弃了，这是不是对自己人生的内耗？反过来说，如果你一次两次的躺平，获得了好运气，是不是真的就可以躺赢这一生了？

我们常说要反内卷，但内卷的反义词不是外包，你不能指望把自己的人生“外包”给运气替你做主。内卷的反义词，应该是外展，打破内在的挣扎，扩宽更大的视野，尝试更多的可能性，让自己得到进化［内卷（Involution）→进化（Evolution）］。

我们常常会抱怨很多事情有“门槛”，阻拦了你的脚步。但是，所谓门槛，不就是用来跨步的吗？你跨过去了，它就是门；你不跨过去，它就是槛。更进一步看，如果生活对你关上了门，你就应该“闭关”了吗？

门关了，你就去把它打开；如果打不开，你就去撬开；如果撬不开，你就砸碎它。这就是门，生活中的门，就是这么用的。

只有一次次的突破，才能去往你想要的远方。

明明彩票中奖率很低，为什么那么多人喜欢刮刮乐？

小概率事件：算清值博率，才不会寄希望于命运的“盲盒”

财政部发布统计数据显示，2023年，全国共销售彩票5 796.96

亿元，同比增加1 550.44亿元，增长36.5%。其中，福利彩票机构销售1 944.41亿元，同比增加463.11亿元，增长31.3%；体育彩票机构销售3 852.55亿元，同比增加1 087.33亿元，增长39.3%。

彩票销售火爆的背后，是不断登上社交平台的相关话题：杭州姑娘20元刮刮乐刮中百万；大学生校内10元彩票中25万；年轻人爱上去财神庙用身份证刮彩票……

买彩票的年轻人越来越多了，而且都非常热衷于刮刮乐这种彩票类型。就像他们说的：“‘刮刮乐’就像‘命运盲盒’，万一暴富了呢？”

彩票其实并不是当今年轻人的专属娱乐。花两块钱买一张彩票，当场揭开当场兑奖，奖品从洗护用品、毛巾、自行车，到冰箱、彩电、洗衣机，甚至小汽车、房子等等，这是20世纪八九十年代至21世纪初，人们熟悉的一个场景，当时几乎每一个“抓奖”的地方都是人山人海。这便是中国最早的即开型彩票。

但是，彩票真的值得买吗？根据统计，“刮刮乐”彩票的平均中奖率只有20%左右，而平均回报率只有50%左右。也就是说，每花100元购买刮刮乐彩票，平均只能得到50元的奖金，而且只有20%的概率能够中奖。这意味着，购买者如果期望通过购买“刮刮乐”获得高额回报，甚至产生“买了总会有中奖的一天”的心态，长期玩下去的话，必然会亏损。

那为何还有那么多人沉迷于“刮刮乐”彩票呢？

1979年，心理学家丹尼尔·卡内曼和阿莫斯·特沃斯基提出了前景理论（Prospect Theory），它是一种描述人们如何在决策过程中处理风险和不确定性的理论。前景理论是行为经济学的重要理论之一，被认为是决策理论的一个重要突破，它挑战了传统的预期效用理论。

前景理论认为：人们对概率的处理并不是线性的。小概率事件往往会被过度估计，而大概率事件则会被低估。这就导致人们在面对不确定性决策时，往往会出现偏离理性的行为。

这解释了为何人们在面临风险和不确定性时，常常会做出违背传统理性决策模型预测的行为。例如，买彩票中大奖这种稀有的事，发生的概率会被高估。这些小概率事件实际发生的概率，比人们想得低得多。

而越夸张的小概率事件，大家越会高估其发生的可能性。2022年11月，美国著名的彩票“兆彩”因过去多期没人中头奖，累积至19亿美元，创下全球纪录。虽然一人独中的概率只有2.922亿分之一，但这没有阻挡全美各地民众掀起疯狂抢购彩票的热潮。

疯抢的一个主要原因，是大家都不明白2.922亿分之一的概率到底有多么小。实际上，据说这个概率约等于连续被雷劈7次。即使这样，大家还是会觉得，值得一搏。

那到底值不值得一搏呢？

投资学有个名词叫作“值博率”。

值博率，这个名词在境外市场上会经常见到。值博率理论，其实是准备输多少来赢多少的理论，它不预测行情的发展方向，它只是指出在某些位置该采取做多或做空的策略，至于结果如何，事前是不知道的。唯一能知道的是，投资者自己准备输多少来博取赢多少。

即使是在被称为“现金碎钞机”的赌场，通过值博率的计算，也有人获得过丰厚收益。

美国有一部电影《决胜21点》，描述的是20世纪90年代，一位麻省理工学院的教授训练一群数学能力高超的鬼才学生利用算牌技术，到赌城跟庄家斗智，大玩“21点”。结果，这群学生横扫各大赌场，狂捞赌金。

这部电影并不是虚构的，实际上是美国麻省理工学院的高材生、“计量分析的奇才”马恺文的真实故事。他加入的“麻省理工21点小组”，每逢周末便携带10万美元本金辗转于拉斯维加斯和大西洋赌城，大玩“21点”游戏，凭借精准的数牌体系，竟然在赌桌上赢取了超过600万美元的巨款，被称为“华裔赌圣”，以至于被全美各大赌场拉入黑名单。

为什么大家都知道去赌场肯定是输得多赢得少，而他却能逆转这一情况呢？

具体来说，他把“21点”游戏视作纯粹的数学问题，并通过自创的数牌系统分析获胜的概率。通过计算，他和队友配合能够带来的相对庄家优势也只不过是2%—3%。这种概率的优势并不意味着你能连续获胜，而意味着你投资100美元，大概率只能获取2%—3%的利润，有时甚至是亏损。虽然只有2%—3%的利润，但是由于值博率为正，只要运用到大样本之中，通过长期的坚持，将时间、次数拉长后，却能消除、平衡概率的波动性，获得确定性的收益。

大火之后的马恺文写了一本书《大概率思维：人生赢家都是概率赢家》。如果你对概率感兴趣，值得看看。

然而，我们还要看到，马恺文之所以能够成功，与他神话般的记牌算牌能力有关。在寻常人还在绞尽脑汁地回忆牌桌上的细节，准备孤注一掷赌一把运气的时候，马恺文利用自己的缜密推算掌握了赌局的走势，已经稳操胜券。因此，即使离开了赌场，他还可以将自己的卓越天赋运用到商业中去，用数学的力量在风云变幻的商海中叱咤。随着大数据运算及数据分析在商业竞争中显得愈发重要，马恺文也担任了微软Starup副总裁。

即使真的侥幸中奖，是不是人生真的走上了幸福的康庄大道了呢？

美国某媒体记者曾经对一批中奖者在中奖前后5年间的生活状况进行过详细的调查统计，结果一定让你感到惊讶，超过90%的人重新回到了之前的贫穷状态，那笔横财在短短的两三年间就挥霍干净了。运气从何而来就从何而去，没有给生活带来本质的变化。

最可怕的后果是让一个人变得自负：“好运与我相伴，我一定能赢！”哪怕形势危急，他可能还试图孤注一掷，豪赌一番试图挽回败局，却不知只是徒劳罢了。

有没有可能有的人就是会持续交好运或者持续遭厄运呢？

统计学除了研究概率，还有一个重要的结论是均值回归。

均值回归是指股票价格、房产价格等社会现象或气温、降水等自然现象，无论高于或低于价值中枢（或均值），都会以很高的概率向价值中枢回归的趋势。如果一个数据和它的正常状态偏差很大，那么它向正常状态回归的概率就会变大。

均值回归本质上可以说就是大数定律的体现。还是回到最初“抛硬币”的例子上来看，如果真的出现了抛10次，9次甚至10次全部都是正面的情况，是不是就说明这个概率改变了呢？不是，随着“抛硬币”次数的增加，大量的正常数据会削弱最初那部分异常数据的影响。正常数据越多，异常数据的影响就越小，直到小到可以忽略不计，比如当次数达到10 000次甚至更多的时候，正反面的比例就会越发趋近于1∶1，这就是抛硬币会出现的概率，一半一半。

均值回归还体现在我们生活中的诸多方面。比如，我们经常看到网友发帖吐槽自己的“学渣娃”，尤其是父母还是北大、清华等名牌大学毕业的“高智商人才”，生的娃却是学渣一个，而且还是怎么教都教不会的那种。

这也是均值回归的结果。父母越优秀越天才，只能证明他们是正态分布的两极之一，通常称为异常值，其子女大概率会是趋向均值回归的。

要是没有均值回归的规律，那么高智商的后代智商越来越高，低智商的后代智商越来越低，经过几千年的进化，智商所产生的复利只会让人类变成两个物种。

民间俗语中“富不过三代”之类的说法，它们背后的理论也可以理解为是均值回归。

为什么同学中发展最好的是调皮捣蛋的差生？

贝叶斯公式：找到成功的大概率因素并持续提升

考上好的大学就能获得美好的未来吗？

很多人估计会给出肯定的回答。甚至有些人认为，只有好好学习，考上好的大学，才有可能获得光明的未来。

然而，这种简单的因果论，不仅忽视了概率的影响，还忽视了多因素的影响。

我们听到过很多这种单线程的因果论。比如，“我努力学习，一定会有好成绩”“我努力工作，一定能够晋升”，再比如“我想要好成绩，就必须努力学习”“我想要晋升，就必须努力工作”等等。

这种心态可以给我们一定的动力，但本质来说，它是对世界运行规律的误解，一种过度乐观的认知偏差。

过度依赖这种单线程的期望，很容易在期待落空的时候被狠狠地挫败。比如，大部分刚踏入社会一两年的毕业生都会遇到这样的情况：某同学赚了很多钱，买车了甚至买房了，对比一下自己，依旧拿着不到个税起征点的工资，房车更是遥遥无期。而那些发展得好的同学，很多都是在学校学习成绩不是特别好的人。

因为，现实世界不是简单的单线程逻辑，而是多因素模型。一件事情发生了，是很多因素的共同作用和影响，每个因素都会影响这件事发生的概率。

因此，每一件事情的发展过程，都是一个个事件组成的链条，每一个事件的发生都是随机的，都有着各自不同的发生概率；单看每一个事件都是独立的，但是组成的链条却又错综复杂互相关联。只有随着事件发展过程中发生的一些真实情况，未来的可能性才会逐渐向一些事件链条归拢。你需要不断关注还剩下哪些事件链条，发生的概率又产生了什么变化。最终，所有的可能性会聚集到一个事件链条上，那就是这件事情真正产生结果的时刻。只有到这个时候，才会最终看到：所有的可能性都消失了，一个不可逆的结果产生了。

但在事情走向最终确定点的过程中，一切可能性都有机会发生，我们应该关心的是：每一个事件发生的概率有多大，事件之间会互相产生什么影响。

因此，人生中很多结果实现的概率，都可以分解成为不同事件的概率，然后来求得这个结果发生的总概率，这个就叫作全概率。它的基本思想是：将一个复杂的事件分解为若干个互不相容且完备的子事件，然后分别求出每个子事件发生的概率，再乘以该子事件下复杂事件发生的条件概率，最后将所有结果相加，就得到了复杂事件发生的总概率。

怎么计算全概率呢，那就要用到决策树（Decision Tree）模型。它指的是在已知各种情况发生概率的基础上，通过构成决策树来求取净现值的期望值大于等于零的概率，评价项目风险，判断其可行性的决策分析方法，是直观运用概率分析的一种图解法。由于这种决策分支画成图形很像一棵树的枝干，故称决策树。

比如，我们想要知道某项投资成功的概率有多大，那么我们就可以先找出影响这项投资成功的所有因素，分析每个因素的影响和概率，从而通过全概率公式来计算投资成功的可能性。

但是，现实生活中，我们更多的是想要达到某项结果，希望知道实现这个结果的影响因素有哪些，影响的概率有多大，从而找出影响概率最大的那些因素，在这些因素上持续加强，增强实现的可能性。

这就需要用到全概率公式的逆向应用，叫作贝叶斯公式，它的主要应用场景是：我们在日常生活中常常是观察到某种现象，然后去反推造成这种现象的各种原因的概率。简单点说，就是由果推因。

$$P(A_i \mid B) = \frac{P(B \mid A_i)P(A_i)}{\sum_j P(B \mid A_j)P(A_j)}$$

贝叶斯公式看起来很复杂，但是我们可以用一个例子说明：

很多朋友都经常上班迟到，那么如何才能改进自己的行为，减少迟到造成的罚款呢？

你可以分析一下，有哪些因素会导致自己迟到？比如，分析出来三种原因：电梯人太多排不上、堵车、睡过头。经过多次观察，你发现，这三个事件发生的概率分别是：0.2、0.3、0.5（先验概率）。再经过测算，你知道自己一旦遇到这三种情况，迟到的概率分别是0.8、0.6、0.4（条件概率）。

那么，如果你迟到了，这三个原因分别可能性是多少呢？

$$P(B_1 \mid A) = \frac{P(A \mid B_1)P(B_1)}{P(A)} = \frac{0.8 \times 0.2}{0.8 \times 0.2 + 0.6 \times 0.3 + 0.4 \times 0.5} \approx 0.296$$

$$P(B_2 \mid A) = \frac{P(A \mid B_2)P(B_2)}{P(A)} = \frac{0.6 \times 0.3}{0.8 \times 0.2 + 0.6 \times 0.3 + 0.4 \times 0.5} \approx 0.333$$

$$P(B_3 \mid A) = \frac{P(A \mid B_3)P(B_3)}{P(A)} = \frac{0.4 \times 0.5}{0.8 \times 0.2 + 0.6 \times 0.3 + 0.4 \times 0.5} \approx 0.370$$

根据贝叶斯公式我们可以得出，你总是迟到的最大原因是睡过头，只要你能解决睡过头的问题，就能减少迟到的可能；如果你还能解决堵车问题，那迟到就最大限度地解决了。

所以你看，在生活中，你想要实现任何结果，都应该关注导致这个结果的所有事件链条，以及它们的概率。也就是说，你没办法预测结果，结果只能自己产生。如果你想让成功稍微偏向你一些，你不能依靠对结果的完美预测，而是必须去努力改变链条上每个事件发生的概率，使最终的结果一步步向你的预想靠近。

比如，我想要身体健康，减少生病，那我多去健身房锻炼，并不意味着我一定能够获得强健的身体，只是可以在我能控制的范围内，尽可能提高身体健康、少生病的概率。除此之外，注意饮食和作息，生病的概率可能降低20%；改掉熬夜的习惯，生病的概率可能降低15%；不喝含糖饮料，生病概率可能降低5%……

这就是我们能做的，通过自己的行为，去增加好事发生的概率，降低坏事发生的概率。最终在结果发生时，无论是好是坏，无论是大概率小概率，都去接受它。

正如，即使是比自己学习差的同学毕业后居然赚了更多钱，我们也要接受，并尊重。人的一生，取得成就的因素是多维的，绝不仅仅是因为成绩这一单方面的原因，还包含选择、自我认知偏差、行动力、技术、运气甚至是身体健康状况等等。学习好并不是优秀品质的唯一标准，那些学习成绩差的孩子，他身上也可能蕴含着一些隐秘的优质品质抑或能力，导致他成功。

比如，大家都知道学习能力是成功的重要因素，所以才会觉得成绩好必然未来可期。但是，那些看起来资质一般，却能在经济上实现突破的人，他们也许只是书本知识的学习能力不够强，而在现实中，他们都是实践经验的学习者，通过“社会大学”时刻进行着迭代。他们的知识也许不是书本中的，也许没办法反映在学历证书上，但是不可否认的是，他们有着通向成功的知识和能力。

而那些读书成绩优秀的人，是不是也在一直迭代和进化呢？当初在班级里表现光彩夺目的他们，之所以过了几十年后泯然于众人，大概率是因为坐享于自己一开始就光彩夺目的成就，不再拓展自己的技能边界，没有在自己有天赋的方向深入积累。

我们总是习惯于只看结果，但结果往往是众多概率叠加而生成的最终状态。

因此，我们要为大概率坚持，为小概率备份。选择有利于实现目标的大概率事件，持续投入。同时为小概率事件做好备份，避免对我们造成无法挽回的损失。

只要你能利用概率论把握好孰轻孰重，并有的放矢坚持下来。那么，成功就一定会越来越向你倾斜。

Part 8

漏财，是因为你不会博弈，才没找到人生的最优解

博弈不是为了战胜谁，是为了找到最舒服的方式与这个世界相处

很多人觉得博弈论其实就是“诡计”，是教人如何算计别人，是各种挖空心思的阴谋，跟“厚黑学”一样。然而，博弈论却是实实在在的科学，而且属于数学的一个分支。

知名经济学家何帆教授讲过这么一个故事：他当年在哈佛学博弈论课程，发现全是数学公式和逻辑，前面后面和左边坐着的同学全都是数学系的博士。只有他右边坐着的意大利银行的访问学者，跟他一样面无表情。

何帆问他说：“你听得懂吗？”

他摇摇头，也问何帆说：“那你听得懂吗？”

何帆也摇摇头。两人相视一笑：“那我俩还坐在这里干什么呢？”

于是两人就一起去喝咖啡了。

博弈论跟数学能有多大关系呢？这么说吧，创始人冯·诺依曼所著《博弈论与经济行为》是博弈论的开山之作，用到了3 000多个数学公式。博弈论从诞生之初就是一套精密的数学理论，主要研究决策过程中各参与者之间的相互作用和影响，目的是通过理性分析和策略选择，达到最优的决策效果。所以它不仅仅局限于棋盘游戏或赌场对决，更广泛应用于政治、经济、社会乃至日常生活中的人际交往。

好在，虽然高深的博弈论需要用到数学模型，却不妨碍我们了解它的基本思想。博弈论本身就要把真实世界中复杂的情况简化成各种各样的模型，以此来推演和论证其中的基本原理，其思想精华并不体现在数学之中。

美国第一位获得诺贝尔经济学奖的经济学者保罗·萨缪尔森说，如果你想成为一个有见识的人，就一定要读博弈论。

对于我们来说，学习博弈论，不仅可以帮我们做出“最优”的选择，还能帮助我们理解长期存在的各种现象，增强对人生的认知，从而改变人生。

为什么我们会接受“996”的加班文化？

纳什均衡：内卷来自个体利益与集体利益的冲突

为什么有一个同事加班，其他人都会跟着加班？

为什么两家企业恶性竞争会把价格降到成本以下？

我们先来讲一个最有名的博弈论命题，叫作“囚徒困境”。

两个人因盗窃被捕，警方怀疑两人有抢劫行为但未获得确凿证据，除非有一个人供认或两个人都供认。即使两个人都不供认，也可判他们犯盗窃物品的轻罪。

两个囚徒被分离审查，不允许他们之间互通消息，并交代政策如下：如果两个人都供认，那他们都将因抢劫罪加盗窃罪被判2年监禁；如果两个人都拒供，则他们都将因盗窃罪被判0.5年监禁；如果一个人供认而另一个人拒供，供认者会被认为有立功表现而免受处罚，而拒供者将因抢劫罪、盗窃罪以及抗拒从严而被重判10年。

简单来说，如果两个囚徒都拒供，则每个人判0.5年；如果两个囚徒都供认，则每个人判2年。相比之下，两个囚徒都拒供是对他们来说双赢的结果。

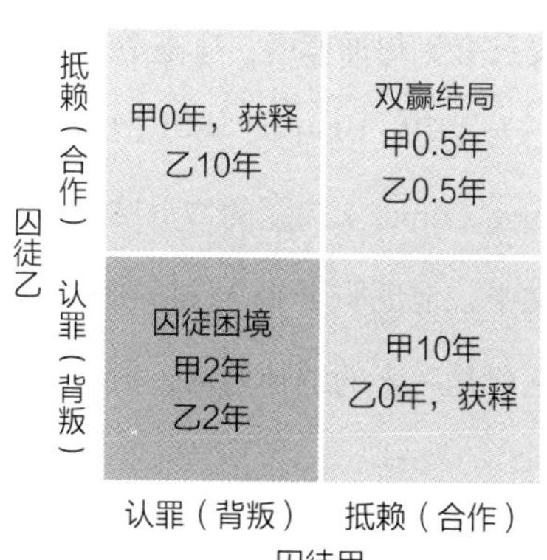

囚徒困境博弈示意图

但是，拒供这个对大家最好的结果实际上不大容易发生。因为每个囚徒都会发现：

如果对方拒供，则自己供认便可立即获得释放，而自己拒供则会被判0.5年，因此供认是较好的选择；如果对方供认，则自己供认将被判2年，而自己拒供则会被判10年，因此供认是较好的选择。可见无论对方拒供或供认，自己选择供认始终是更好的。

这就叫纳什均衡。

大家看过一部叫《美丽心灵》的电影吗？这部电影记述了著名数学家、经济学家约翰·福布斯·纳什从事业的顶峰滑向精神失常的低谷，再神奇般逐渐恢复的生平。电影于2001年上映，引起巨大轰动，一举获得8项奥斯卡提名，并最终获得最佳影片、最佳导演两座“小金人”。

电影中的男主角纳什1948年进普林斯顿读书，申请硕士学位时，推荐他的教授只有一句推荐语：这是个天才。

为什么说他是天才呢？1950年，年仅22岁的纳什凭借非合作博弈（Non-cooperative Games）为题的27页博士论文毕业。在那篇仅仅27页的博士论文中，他证明了非合作博弈及其均衡解，并证明了均衡解的存在，这便是后来的纳什均衡，数十年后他也因此获得诺贝尔经济学奖。

纳什均衡是指满足下面性质的策略组合：任何一位玩家在此策略组合下单方面改变自己的策略（其他玩家策略不变），都不会提高自身的收益。

由于每个囚徒都发现供认是自己更好的选择，于是博弈的稳定结果是两个囚徒都会选择供认，这种稳定结果就是博弈的纳什均衡。

这样的结果多少有点令人意外。他们为什么不可以订立一个攻守同盟，都选择拒供从而获得一个对大家都更有利的结果呢？

“囚徒困境”通常被看作个人理性冲突和集体理性冲突的经典情形，因为在“囚徒困境”局势中，每个人根据自己的利益做出决策，但是最后的结果却是每个人的利益都遭殃。

现实中诸多的问题和现象，正是“囚徒困境”的翻版，比如“996”。

要追究“996”的形成原因，我们可以先想象有这么一个小镇。小镇上有三家超市，这些超市每天中午12点开门，营业到晚上6点，每周一至周五营业5天，周末休息。在极端天气或节假日时，超市就会关门，老板和员工们都纷纷去外地度假。

多年以来，小镇上的常住人口没有什么变化，所以超市的规模也稳定。所以可以认为，小镇上居民的购物需求和三家超市的规模形成了近乎完美的平衡状态。

直到有一天，一家全球连锁的超市开到了这个小镇上。

连锁超市不仅规模大，而且营业时间是参照大城市来的，每天早晨9点开门，晚上9点才关门。周六还正常营业，只有周日休息。

以前的居民早已形成了晚上6点之后就不再出门购物的习惯，但随着连锁超市的进驻，大家慢慢习惯了这种早上起来就能购物，晚上没事还能去逛超市的生活。渐渐地，连锁超市的“勤奋”得到了回报，他们的生意明显好于之前三家超市。

这三家超市怎么办？超市老板们一合计，只能跟随，于是纷纷效仿连锁超市的营业时间，每周开张6天，每天营业12小时，只有一家超市的老板硬着头就不改。结果，效仿的两家超市的“勤奋”也得到了“回报”：他们的营业收入也慢慢恢复了。而“头硬”的那家超市，业务慢慢萎缩，最终倒闭了。

小镇上还是恢复成了三家超市的格局。由于小镇人口并没有增加，购物的需求量保持恒定，跟以前一样，所以最终存留下来的三家超市规模跟之前的三家也没有什么变化，但营业时间从原来的每周5天，每天6小时变成了每周6天，每天12小时。

也就是说，他们的工作时间变长了，但收入却没有增加。

这就是“囚徒困境”在现实中的样子——内卷。

如果你觉得内卷是老板们才要关心的问题，跟打工人无关，那么我们就假设自己是原来某家超市的员工，来看看会发生什么事情。

原本大家都是12点上班6点下班。但是由于连锁超市开张，早上9点开门晚上9点才关门，导致你所在的超市也被迫跟从。但是店员只有你们三个人，谁也不肯多工作，老板会怎么办呢？

老板出台了一个奖励制度，每天工作时间最长的店员，可以额外获得200元的奖金。

刚开始大家可能还犹豫，不知道老板是不是认真的，于是大家都还按照原来的作息上下班。直到某天一个店员，下班时因为下雨晚走了半个小时，就获得了200元。

这时候，大家会怎么想？明天下班的时候，我晚走45分钟，是不是就也能获得这200元了？

事情就这样发生了转变。起初，总会有人比前一天下班更晚，他们获得了奖金，但是又会被别的员工以更晚的下班时间超过，最终大家都变成了早上9点上班、晚上9点下班，每周工作6天。但是，由于大家的上下班时间都达到了极致，没有任何一个人能更长时间的加班，奖金也就没有了。

这，就是“996”的由来吧。

明明还很新的车，为什么会到手亏一半？

信息不对称：千万不要陷入博傻游戏

要解决“996”问题，就需要员工们之间齐心合力，一起来纠正这个内卷的坏风气。

但是，前提在于，大家一定要齐心合力，合作无间。因为一个人的背叛，仍然会继续掉入“囚徒困境”的陷阱。问题在于，你怎么知道对方是会愿意跟你齐心合力的?

即使是你真心的愿意合作，又怎么让对方相信呢?

这就是信息的传递。

在现实生活中，你会发现，真实信息的传递是非常难的，信息不对称才是常态。比如，在婚恋市场上，你不可能一下子就了解到所有异性的所有信息，一次性做个判断和抉择。你只能在滚动的过程中发现信息，发现对方的价值。但是，发现的过程需要有投入，包括金钱、时间、精力等，失败了是拿不回来的。

在信息不对称的情况下，进行博弈的成本可能是无法想象的。我在香港中文大学读会计学硕士期间，教我们《博弈学》的夏大慰教授，就曾经在教室里现场重现过这个案例。他拿一张20元面值的纸币拍卖，最高被叫到了100元。

这个现象被称作逆向选择（Adverse Selection），指的是信息不对称所造成的市场资源配置扭曲的现象。由美国著名经济学家乔治·阿克洛夫，也就是现任美国财政部长耶伦的老公，在他的《柠檬市场：质量、不确定性和市场机制》中提出。他也因此与其他两位经济学家一起奠定了非对称信息学的基础，并获得了2001年的诺贝尔经济学奖。

“柠檬”在美国俚语中表示“次品”或“不中用的东西”，所以柠檬市场（The Market for Lemons）也称次品市场，也称阿克洛夫模型。

柠檬市场的存在是由于交易一方并不知道商品的真正价值，只能通过市场上的平均价格来判断平均质量，由于难以分清商品好坏，因此也只愿意付出平均价格。

但是商品有好有坏，对于平均价格来说，提供好商品的自然就要吃亏，提供坏商品的便得益。于是好商品便会逐步退出市场，平均质量又因此下降，于是平均价格也会下降，真实价值处于平均价格以上的商品也逐渐退出市场，最后就只剩下坏商品。在这个情况下，消费者便会认为市场上的商品都是坏的，就算面对一件价格较高的好商品，也会持怀疑态度，为了避免被骗，最后还是选择坏商品。这就是柠檬市场的表现。

《柠檬市场：质量、不确定性和市场机制》中阐述了最为经典的二手车市场案例：

假设在二手车市场中，你大概只知道市场上的好车和坏车各占一半，你愿意为好车支付4 000元，为坏车支付2 000元。

但如果你无法判断一辆车的好坏，怎么办呢？

那就按照期望支付好了，那么你就将支付2 000×0.5+4 000×0.5=3 000元。

在这种情况下，如果好车车主的心理预期是2 500元，则只能按照3 000元的价格赚到500元，而非按照好车应有价格赚到1 500元；

而坏车车主的心理预期为1 500元，则他可以赚到1 500元，而非应得的500元。

在这种情况下，由于信息的不对称，好车车主在市场上是以补贴坏车车主的方式存在的。

而且，如果坏车的比例上升，好车的比例下降，在这个市场上消费者的期望就会降低，当这个期望跌破2 500元时，好车车主将由于心理预期无法被满足而退出市场，这就形成了“劣币驱逐良币”的现象。

信息不对称带来的“劣币驱逐良币”现象，已经被广泛引申到生活中的各个领域，人们常常用这一法则来泛指价值不高的东西会把价值较高的东西挤出流通领域，彻底颠覆了“优胜劣汰”的淘汰定律，取而代之的是“劣胜优汰”。

信息不对称会造成逆向选择和道德风险，在交易行为中，就产生了“博傻理论”：人们之所以完全不管某个东西的真实价值而愿意花高价购买，是因为他们预期会有一个更傻的傻瓜，会花更高的价格从他们那儿把它买走。博傻理论告诉人们的最重要的一个道理是：在这个世界上，傻不可怕，可怕的是做最后一个傻子。

从理论上讲，博傻也有其合理的一面。博傻策略是高价之上还有高价，低价之下还有低价，其游戏规则就像接力棒，只要不是接最后一棒都有利可图，做多者有利润可赚，做空者减少损失，只有接到最后一棒者倒霉。

不断走高的艺术品拍卖市场，就是博傻理论的集中地。

艺术品的价值不确定，交易各方的信息不透明，因此就会产生一种虚幻的期待：总会有人花更高的价格从你手中买走它。

所以，越来越多的并不懂艺术品的人参与拍卖，他们根本不管某件艺术品的真实价值，即使它一文不值，也愿意花高价买下，是因为他预期会有更大的傻瓜，花更高的价格从他手中买走它。

这种现象不仅存在于艺术品市场，在生活中也层出不穷。不管是板蓝根，还是醋，一旦价格开始上涨，人们就开始疯狂购买。

尤其是与实际商品关联不大，人们不清楚其关系时，最容易出现疯狂购买现象。当没有买家愿意出更高的价格时，就会出现恐慌性抛售。价格也会跟着暴跌。这种现象就被称作是投机泡沫。

对于博傻行为，也可以分成两种，一类是感性博傻，一类是理性博傻。前者，在行动时并不知道自己已经进入一场博傻游戏，也不清楚游戏的规则和必然结局。而后者，则清楚地知道博傻及相关规则，即使明知道是一只垃圾股，不管净利润如何，市盈率如何，依然有人孤注一掷地投入资金，冒着高风险买进。这些人凭借的就是博傻理论，他们相信一定有比自己更笨的人会以更高的价格来买走。

理性博傻能够赢利的前提是，有更多的傻子来接棒，这就是对大众心理的判断。当投资大众普遍感觉到当前价位已经偏高，需要撤离观望时，市场的真正高点也就真的来了。不过，并不是所有人都能准确地判断行情，即使是股市老手，也有马失前蹄的时候，没有永远的笨蛋，但是永远有一个最傻的傻瓜，就是不知道这个最傻的傻瓜是自己还是别人。

如何避免成为“更傻的傻瓜”呢？股票市场有这样一句话：“要博傻，不要最傻。”这话说起来简单，做起来却不容易。

1720年年初，牛顿用自己的7 000英镑全部买入南海公司的股票，没过多久南海公司的股价就翻了一番。牛顿止盈出局，清仓了自己的股票，赚到了7 000英镑。

让牛顿意外的是，在他清仓之后，南海股票依然暴涨，很快就又涨了一倍多，已经远远超出其真实的价值。

按理说，在这种情况下，应该坚持自己的理性，避免追高。然而牛顿没能抵制住这种诱惑，又重新买回了南海公司的股票，而且是在接近最高点的价位买入，成为博傻游戏中那个最傻的人。

最后的结果是牛顿不仅把之前赚到的钱全赔了进去，而且赔掉了自己20 000英镑的本金，并由此留下了一句名言：“我能计算出天体运行的轨迹，却无法预测人类的疯狂。”

可见，到底有没有“更傻的傻瓜”，并不是那么容易判断的。一不小心，博傻的人就会成为“最傻的傻瓜”。

勾心斗角的社会中，我还要继续做个好人吗？

重复博弈：好人真的会有好报，但老好人没好报

“囚徒困境”的结果是，每个人都会选择背叛对方，最终的最优解是不合作。

这么来看，博弈论是不是告诉我们，人生中，要做个坏人，始终只把自己的利益放在第一位呢？

“囚徒困境”是单次博弈，如果双方仅进行一次博弈，那么这个过程会极其惨烈，甚至会违背道德，无所不用其极，只求自身利益最大化，这就是单次博弈的共性。

但是人生不是只有一次，我们会重复遇见不同的人，我们会重复做同一件事。在一次次的重复过程中，单次博弈变成了重复博弈，那么最优策略就完全不同了。

20世纪80年代，密歇根大学政治博弈专家罗伯特·阿克塞尔罗德，组织一个重复博弈竞赛。博弈内容就是我们之前了解过的“囚徒困境”，所增加的条件就是：如果将他们抓了又放，放了再抓，如此重复无限次（且囚徒知道重复无限次这一点），结果会如何？

各个参赛者提交不同策略算法，出乎意料的是，最后胜出的是一个非常简单的策略，英文叫“Tit for Tat”，一般翻译成“以牙还牙”。

这个策略的做法是：不管跟谁，第一轮都选择合作；之后，复制对手上一轮做法。

如果上一轮跟我合作，我下一轮也跟你合作。上一轮你背叛，我下一轮也背叛。如果某一轮你又改合作，我也跟着改为合作。如果你某一轮又改背叛，我也改为背叛。

这种策略实质就是，别人怎么对我，我就怎么对别人，也就是俗话说的“人不犯我，我不犯人。人若犯我，我必犯人”。

以牙还牙，简单、粗暴、有效。以牙还牙策略不会首先背叛，因此可以建立起稳定的合作；对其他个体的背叛进行报复，因此不会被背叛策略无限制剥削；会原谅其他个体，只要其他个体恢复合作，则合作可以重新建立；不会尝试获得比其他个体更高的收益，这种非竞争性特征可以更好地和其他策略建立起合作关系。

但是，以牙还牙其实是一个脆弱的策略，这个策略对错误很不友好。计算机模拟总是精确的，但真人博弈可能会操作失误。在真实世界中，以牙还牙并不是最好的策略，因为它不够宽容。

博弈论专家提出一个改进版的以牙还牙：对方背叛我一次，我继续合作；只有当对方连续背叛我两次，我再报复。研究表明，在有可能出错的博弈中，这个办法的效果比以牙还牙更好。

在此基础上，四位经济学家共同提出了一个应用于不完全信息的博弈模型，由于他们的姓氏分别是Kreps、Milgrom、Roberts和Wilson，所以这个模型被叫作“KMRW定理”。

KMRW定理的核心思想是在多次博弈中，即使参与者对对方的类型不确定，他们也倾向于选择合作策略，以便在未来能够获得更大的利益。这种合作行为有助于参与者建立良好的声誉，在未来的博弈中获得更多的合作机会。

KMRW定理认为，在不完全信息博弈中，参与者不知道对方是好人还是理性人，那么只要博弈重复的次数足够多，合作能带来足够的好处，双方都会愿意维护自己是好人的这样一个声誉，前期尽可能地保持合作，到最后才选择背叛。

张维迎在《博弈与社会》这本书里讲到，KMRW定理可以解释“大智若愚”。“智”，就是人要自私，一切行动都是为了自己的利益；“愚”，就是宁可吃亏也不背叛别人。每一轮都选择背叛，看似自私，其实那是“小智”。而如果宁可吃点亏也要选择合作，你就会建立一个良好的声誉，就会有更多的人跟你合作，从长期来看，这才是“大智”。

中国人有句话叫退一步海阔天空，不过请注意，这句话的关键词是“一步”。退一步是宽容，退两步就是纵容了，再退第三步的时候，你就陷入了永远被背叛的不复之地。

这就是说，做好人有好报，做老好人就没有好报。为什么呢？

因为重复博弈能够实现合作共赢的前提是以牙还牙，如果对方一次两次三次的背叛没有得到相应的惩罚，那么持续的背叛就会成为他们的最优解。

如果我们想要实现自己利益的最大化，就必须实施有效的以牙还牙策略：第一，你要能够发现背叛的行为；第二，惩罚必须有权威、有说服力，让对方知道如果他背叛，就一定会受到惩罚；第三，惩罚的力度需要足够大。

如果说，这还只是科学家们自己的推断，不一定符合实际，组织重复博弈竞赛的这位博弈专家罗伯特·阿克塞尔罗德还设计了一系列计算机仿真游戏，让各种策略充分竞争，看看最终什么样的策略能够胜出。根据这一系列游戏写成的《合作的进化》成为研究博弈合作问题的最重要著作之一。

为了方便计算，阿克塞尔罗德在游戏中把这个模型简化为：

如果两个人相互合作，各得3分；

如果两个人相互背叛，各得1分；

如果一方合作一方背叛，那么合作者得0分，背叛者得5分。

可以看出，暗算别人的好处最大，但是如果两个人都要暗算对方，那么双方都无利可图。游戏中，每个人都根据自己的利益计算来选择是合作还是背叛。

阿克塞尔罗德将这些策略放入计算机中进行一对一的循环赛。第一轮比赛15个策略参加，重复5次循环，一共12万回合。第二轮比赛改进了对策，提交了63个策略，进行了数百万回合的混战。

令人惊奇的是，每次的结果都是好人策略占到了优势，而且得分最多的都是一个最简单的策略，也就是之前提到的以牙还牙：一开始就选择合作，只要对方合作，下一次还是合作，假如对方背叛，那么他也背叛，但是不记仇，如果对方在下一次博弈中选择合作，那他就选择合作。

由于好人总会胜出，就会有更多的人选择合作。慢慢地，倾向于合作的人就会越来越多，也就是好人会越来越多，这就是“合作的进化”。

《合作的进化》指出，好人胜出也是有条件的：第一是未来对现在有足够大的影响力，第二是必须多次博弈。

这两个条件可以解释很多事情。

例如，为何我们在旅游景点总会吃到特别难吃的食物？因为在旅游景点的餐饮业中，存在单次博弈——游客一般只来一次，选择背叛会获得最大收益。

那如何增加未来的影响力呢？

我们在商业谈判时，甲方都会说，这个项目你们让点儿价，我们后面项目多得很。这就是在向乙方传递出一个清晰的信号，公司的未来跟你有紧密的联系，就能增加未来在双方合作中的影响力。

再比如，假设你是一个商人，和一个宝石供应商做生意。对方说有一批宝石，升值潜力大，愿意100万出手。你想购买，有两个可选方案。第一个方案是一次性100万买下，第二个方案是拆分成5次交易，每次交易价值20万元宝石。

从风险控制视角来看，第二个购买方案更好。因为存在宝石供应商欺诈风险，一次性买下，对方如果以次充好、卷款逃跑，你就会产生较大损失；第二个购买方案由于拆分成5次交易，如果某次交易产生损失，也只会造成20%损失。而且由于每次交易金额只有20%，对方更可能认为金额较小，不值得去欺诈。

类似的，很多商业合同都要求分阶段支付，每一阶段验收后再进行下一阶段支付，都是合作的进化。

如果大家都大公无私，这个社会不会更好吗？

帕累托最优：利他又利己，才会有共赢啊

前面的“囚徒困境”，只要实现重复博弈，就可以打破困境，让大家团结起来，暂时放弃个人利益的最大化，通过合作共赢，争取到团队的利益最大化。

但是，如果是在单次博弈的情况下，又怎么样才能让大家心甘情愿地放下个人的利益，来最终实现共赢呢？

我们可以看看另外一个博弈故事：猎鹿博弈，又称猎鹿模型（Stag Hunt Model），源自启蒙思想家卢梭的著作《论人类不平等的起源和基础》。

古代的村庄有两个猎人。当地的猎物主要有两种：鹿和兔子。

如果一个猎人单兵作战，一天最多只能打到4只兔子。两个一起去才能猎获一只鹿。

从填饱肚子的角度来说，4只兔子能保证一个人4天不挨饿，而一只鹿却能让两个人都吃饱10天。

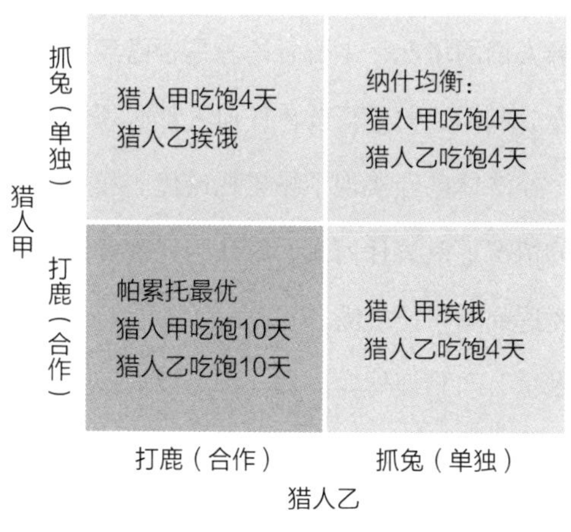

猎鹿博弈示意图

在猎鹿博弈中，根据纳什均衡的定义，可以得到该博弈有两个纳什均衡点，那就是：要么分别抓兔子，每人吃饱4天；要么合作猎鹿，每人吃饱10天。

两个纳什均衡，就是两个可能的结局。两个结局到底哪一个最可能发生呢？

很明显，两人一起去猎鹿比各自去抓兔子可以让每个人多吃6天。按照经济学的说法，合作猎鹿的纳什均衡比分头抓兔子的纳什均衡更好，不仅有整体福利改进，而且每个人都得到了福利改进。换一种更加严谨的说法就是，合作猎鹿与单独抓兔子相比，两个猎人其中一方收益增大，而另外一方的境况不受损害。这就叫作帕累托最优。

在经济学中，帕累托最优的准则是：经济的效率体现于配置社会资源以改善人们的境况，主要看资源是否已经被充分利用。如果资源已经被充分利用，要想再改善任何人都必须损害别的人了，这时候就说一个经济体已经实现了帕累托最优。相反，如果还可以在不损害别人的情况下改善任何人，就认为经济资源尚未充分利用，就不能说已经达到帕累托最优。

“囚徒困境”与猎鹿博弈一样，都是双人博弈，为什么会一个选择不合作，一个选择合作呢？

区别在于，囚徒无法沟通信息，猎人可以沟通信息，博弈结果就会有所不同。

通过信息的交流，达成合作意向，合作产生的力量往往不是单纯的力量之和，而是可能发挥出更大的效应，可以在不损害别人利益的情况下让自己利益最大化，既实现了利他又实现了利己，也就是“1+1”往往大于“2”。

因此，在可能合作的情况下，我们就尽量不要选择单独行动。

猎鹿博弈对于两个人合作的要求，并不只是简单的“合并”，而是要求两个猎人的能力和贡献尽量能相等。但我们也必须看到，现实中很多合作并不是建立在平等的基础之上，而往往有着一定程度的差距。

试想，如果其中一个猎人的能力强、贡献大，或者有一定特权，那么他在分配成果时，自然会要求得到较多的一份，这可能会让另一个猎人觉得利益受损而不愿意合作，从而导致整体效率下降。进一步推论，如果不是两人进行狩猎，而是多人狩猎博弈，那么分配结果不均，就会形成弱势群体与利益集团两个明显的阵营。所以可以说，维系猎鹿博弈的不仅是“双赢”，更确切地说应该是“平等双赢”。这就要求合作博弈双方要学会与对手共赢，找到分配的临界点，既要利他又要利己，使双方都能达到理想的效益，合作才能长久。

利他和利己缺一不可，这才是帕累托最优。

在很多人看来，做好事属于道德问题，不应该要求回报。但是经济学家并不这样认为。做好事是促进人群福利的行为（经济学称之为“有效率”的行为），这种行为必须受到鼓励。而且，只有对做好事的人进行鼓励才能促进社会福利的提高。从人的本性来看，最好的鼓励方式就是给予报酬。

可能有些人难以接受，甚至完全反对这种观点，其实孔老夫子早在两千年前就提出过这个问题：

鲁国之法，鲁人为人臣妾于诸侯，有能赎之者，取其金于府。子贡赎鲁人于诸侯，来而让不取其金。孔子曰：“赐失之矣。自今以往，鲁人不赎人矣。取其金则无损于行，不取其金则不复赎人矣。”子路拯溺者，其人拜之以牛，子路受之。孔子曰：“鲁人必拯溺者矣。”

翻译成现代语言，就是春秋时期，鲁国有一条法律规定，如果鲁国人到其他国家去，发现自己的同胞沦为奴隶，那么他可以花钱把自己的同胞赎回来，归国之后去国库报销赎人所花的钱。

孔子的徒弟子贡因为机缘巧合，赎回来一个鲁国人，但他经常听老师讲仁义，认为如果去国库领钱就违背了老师的教诲，所以就没有去国库领钱。

孔子闻知此事后，面有愠色地对子贡说："子贡，你为什么不去领补偿？我知道你追求仁义，也不缺这点钱，但是你知道你的做法会带来什么样的后果吗？别人知道你自己掏钱救人后，都会赞扬你品德高尚，但今后有人在别的国家看见自己的同胞沦落为奴隶，他该怎么去做呢？他可能会想，我是垫钱还是不垫？如果垫钱赎人，回国后又去不去国库报销？如果不去报销，自己的钱岂不是打了水漂；如果去报销，那别人岂不是讥笑自己是品德不够高尚的小人。这些问题会让本来打算解救自己同胞的人束手不管的，如此一来，那些在别的国家沦落为奴隶需要解救的人，岂不是因为你的高尚品德而遭殃了？"

而孔子的另一个徒弟子路，救了一个落水的人，那人非常感谢子路，并把牛作为救他命的酬劳给子路，子路接受了这头牛。孔子知道后十分高兴地说道："鲁国的人肯定会多多救助落水的人！"

从这件事情可以看出，孔子虽然讲仁义，但并未拘泥于仁义，而是从社会的角度考虑做事的方法和原则。他认为，如果德行善举得不到报偿，那么大多数人就不会去行善，只有少数有钱的人才会把行善当成一种做不做两可的事情，因此行善就不会成为一种风气、一种社会公德。善举得到回报会激励更多的人去做好事，将会使更多的人得到别人的帮助。如果一个国家的人都这么做，那么这个国家的生存环境将会得到明显的改善。

从博弈论的角度来说，做好事得到回报才是帕累托效率最优，对行善者和社会大众来说才是最佳选择，社会福利才能得到最大的改善。

这正是经济学家们坚持做好事要有回报观点的来源。

Part 9

漏财，是因为你错失了选择，才会盲目追寻风口

所有成功，都是做出了成功的选择

还记得人生岔路口，你做过的这几个选择吗？

填报志愿，你选的什么专业？

大学毕业，是留在大城市打拼，还是回到小城市岁月静好？

职场瓶颈，是原地踏步，还是转换人生跑道去创业？

一辈子不长，关键就这么几步。高考、择业、买房，甚至结婚……这些重要节点的每个选择，都会给人生带来很大程度的改变。

杨澜说过，决定你是什么的，不是你拥有的能力，而是你的选择。选择真是大于努力，我见过太多曾经比我厉害的人，后来选错了方向，混得比较累。还有很多年轻人，赶上了一个行业小风口就起飞了。

有的人以为自己能力很强，干什么都能成，结果在错误的方向上越走越累，殊不知当初也是踩在了风口上或者抱上了大腿。

所以，怎么选择也是一种能力或者说是运气，努力让自己有更多的选择机会，开阔视野尽可能做出有前瞻性的选择，让自己的运气变得更好一些。虽不能赢在起点，却可以逆风翻盘，赢在选择上。

那么，你学会选择了吗？

人生中，最重要的是什么？金钱、爱情、自由？

每个人可能都有不同的答案，但是在我看来，或者说在经济学家眼里，最重要的是如何做选择。就比如，在金钱、爱情和自由面前，我们每个人都在做出选择。

那么，你会做选择吗？

其实，大多数时候，我们根本都不知道什么叫选择，即使是面临选择的时候，我们都不知道自己到底拥有哪些选项，每个选项背后又代表了什么。

比如，你有一万块钱的预算去买包，看中了两款，一款是2 000元，一款是3 000元，应该选择哪一款？

哪一款都可以，或者说两款都买了也没问题，预算足够，也就不存在选择问题。

再举一个例子，你想要一款新手机，一个方式是去打工挣钱买，一个方式是上街抢一个。应该怎么选择？

一个是正确的方式，一个是错误的方式，结果泾渭分明，答案不言而喻。这，也不存在选择问题。

再来一个例子，一个富二代大学毕业，父母给他两个选择，回自己家公司接班，或者给一个亿出去创业，这两者都不是富二代想要的，他只想宅在家里，那么他又该怎么选?

他完全可以什么都不选，因为父母也没逼他一定要选择一条路，他完全可以不选。当选择不是必须的，那么也就不存在选择问题。

所以说，到底什么叫选择?

选择就是当我们面临人生中的分岔口，不得不择其一前行。但是，任何一条路走下去，都不可能是完美的人生道路，都必然面临各种各样的挑战和困难，我们在深刻认知这一点的基础上，找到自己内心最想要的选项，并下定决心承担这一选择的代价，去追求这一选择能获得的成果，这，才叫选择。

上海飞大阪机票仅 8 元，航空公司疯了吗?

边际选择：人生不是非此即彼

2024年春节假期三亚返程“天价”机票行情刚过没多久，“上海飞大阪机票仅8元”“0元机票再现”等消息冲上热搜。很多网友在社交平台上晒出订单，订票平台上有不少低至一二百元甚至几元钱的特价机票，有旅客甚至还抢到了“0元机票”。

在假期结束或者民航淡季，由于旅游需求减少，机票价格也会下降，甚至出现供大于求的情况。这时，为了提高客座率和占领市场份额，航空公司往往会推出促销活动，发放类似0元或8元的特价机票。在一个航班上，这样的特价票舱位并不会放出太多，类似春秋等低成本航司放出少量特价票，主要目的是吸引那些非刚需的旅客，尽量提高客座率。

假设一架飞机有200个座位，它所耗费的成本包括油费、人工费、飞机折旧费等，共10万元，那么，平均一个座位的成本售价不低于500元。

如果你以300元的价格购得了这张机票，你潜意识里可能会认为，航空公司赔本了。

实际上，春秋航空不仅不亏，而且还是2023年中国最赚钱的航空公司。根据各家航空公司预告的财报，2023年，国航、东航、南航均未实现扭亏，其中东航预计至少亏损68亿元，南航至少亏损35亿元，国航至少亏损9亿元。而春秋航空则预计至少盈利21亿元。

在特殊情况下，如果距离飞机起飞前还余有10个座位未售出。这10个座位即所谓的边际量。这时，航空公司是很乐意以低于成本的价格出售飞机票的。因为在满足190个座位后，剩下的10个座位，便不能再用最初的成本来衡量。这10个座位的成本，经济学家用边际成本来衡量。

那么，这时座位的边际成本是多少？几近等于零。

那边际收益呢？售出的票价几乎就是航空公司的收益。

你会很轻松地发现，边际收益是远远大于边际成本的。这笔买卖极其划算。

懂一点经济学皮毛的同学肯定听说过“边际效应”。

所谓“边际”，指的是对现有行动进行的微小调整，这些微小调整所带来的成本和收益分别被称为边际成本和边际收益。经济学所要关注的问题，通常不是极端的非此即彼，而是“多一点”还是“少一点”的比较，也就是对边际成本和边际收益的权衡。

举例来说，我们需要考虑如何在购置食品和购置衣物上分配收入。一般来说，我们不会只买衣服不吃饭，也不会只吃饭不买衣服，而会考虑是多买些食物而少买些衣服，还是多买些衣服而少买些食品，这样的选择就是边际选择。

打个比方：当你极度口渴的时候十分需要喝水，你喝下的第一杯水是最解燃眉之急、最畅快的，但随着口渴程度降低，你对下一杯水的渴望值也不断减少。当你喝到完全不渴的时候即是边际，这时候再喝下去甚至会感到不适，再继续喝下去会越来越感到不适。

而且我们常用到的一些词汇：第一辆车、第一个房子、第一次远行，大凡第一次都记忆深刻。

但是在商业上，理性的决策看的是边际量。

假设你开了一家奶茶店，在开店之初，你特意做了个财务测算：初始投入加盟费和店铺装修款20万元，预计可以开两年。

店铺开了之后，预计每年可以卖出1万杯奶茶，按照每杯可以赚5块钱计算，年利润是50万元，扣除掉房租和人工之后，还可以剩下30万元。

这样来看，两年赚到手60万元，扣掉一开始投入的20万，起码还有40万的利润，这个生意值得做。

于是，你立马付了20万元的加盟费和装修款。三个月后，店铺开起来。这时候你才发现，每年卖1万杯的目标，有点夸张了。按照每天的实际销售来看，你一年最多能卖出去5 000杯，意味着扣掉房租和人工之后，年利润只有5万元了。

这样来看，两年只能赚10万元，扣掉一开始投入的20万元，还要亏10万元。

这时候，你觉得要及时止损吗？

站在整个项目的成本分析来看，无疑这个项目是亏损的，应该及时止损。但是，如果站在当前的时点来看，从边际成本的角度计算，每年可以赚5万元，应该继续经营。

为什么边际选择会出现截然不同的结果呢？

实际上，我们计算总收益的时候，只看到了收益为负，还忽略了一个重点，那就是之前发生的20万元加盟费和装修款，已经是沉没成本，不管是不是继续，都无法收回。

也就是说，继续开下去，这个奶茶店起码还可以将亏损20万元降低到10万元，正所谓减少亏损也是赚，因此哪怕明知这个项目总体是亏损的，也只能选择继续开下去了。

这个其实也解释了很多企业为什么明明每年都在亏损，却一直都在经营。

因为很多企业在初期投入了巨额资金，建厂房、买设备，等等。一旦停止经营，这些投入都变成了泡沫。

继续经营，虽然从平均成本上看是亏损的，但亏损的一部分原因是这些固定资产要折旧计算为成本。然而这些成本并不是新增的开支，实际上新增的开支只不过是原料和人工开支而已，这就是边际成本。只要最终售价超过这些边际成本，那么就有边际效益，就值得继续运营下去。

在生活中，也有很多决策是在边际上做出判断的。

比如，马云为什么会对钱没有兴趣？

马云曾说过，“我对钱没有兴趣”“我从没有碰过钱”。有人认为是马云在炫富，但是，马云需要通过炫富来获得自我满足吗？炫富那是暴发户的行为，而马云显然不是，也不需要。

唯一的解释是，钱对于马云来说，已经太多了，并不是求不得或者难以求得的东西，钱能带给马云的幸福感已经微乎其微。他确实对钱没有兴趣。

再比如，某年情人节，丈夫由于工作很忙，一直没时间去给妻子买礼物。

某天回家路上，看到一个耳环，便随手买回来送给妻子。妻子恰巧非常喜欢这款耳环的设计，收到礼物非常高兴。

第二年情人节，丈夫又没有时间去挑选礼物，想到妻子很喜欢的那款耳环，都戴了一年了，也旧了很多。于是又找到那家店，把同一款耳环买了回来。妻子收到后，虽然没有那么惊喜，但也觉得丈夫很有心，就把旧的耳环换下来。

等到第三年，丈夫又买了这款耳环回来。你猜怎么着？

丈夫和耳环都被赶出了门外。

如此看来，对于同一个人，送同样的礼物，其边际效应是递减的。

那么，不同的人，在送礼物的时候，又该如何利用边际选择的理论呢？

《论语·雍也》篇中，有这么一个记载：

子华使于齐，冉子为其母请粟。子曰："与之釜。"请益。曰："与之庾。"冉子与之粟五秉。子曰："赤之适齐也，乘肥马，衣轻裘。吾闻之也：君子周急不继富。"

翻译过来就是，子华被派出使到齐国去，冉求替子华的母亲向孔子请求补助一些谷米。孔子说："给他一釜吧。"冉求请求再增加一些。孔子说："再加一庾（约三分之一釜）吧。"冉求却给了五秉（一秉相当于10釜）。孔子说："公西赤到齐国去，乘坐着肥马驾的车子，穿着又暖又轻便的皮袍。我听说，君子只是周济有急需救济的人，而不是周济富人。”

从对子华母亲的态度来看，孔子似乎是比较吝啬。但是，《论语》还记载了另一条：

原思为之宰，与之粟九百，辞。子曰：“毋！以与尔邻里乡党乎！”

意思是，原思给孔子家当总管，孔子给他粟米九百的俸禄，原思推辞不要。孔子说：“不要推辞。如有多的，就给你的邻居和乡亲们吧。”

从这两件事，我们可以看出孔子在资金这件事上，也是采用了边际选择的思路。

公西华出使齐国，会得到很好的待遇，完全有能力负担母亲的生活；而原思的乡亲家境贫寒，因此孔子让原思收下粮食，周济穷人。

这正如我们平常所说锦上添花不如雪中送炭，也是边际效应在起作用。

学会了边际选择，你知道该怎么应用到生活中了吗?

假设，你明天要进行一次重要的面试，晚上正打算好好准备一下。这时候，你最好的朋友打电话过来，说晚上想去酒吧喝一杯，邀请你一起。

你会怎么选择？

如果你跟朋友说，我要准备面试，实在参加不了。很伤心的朋友问你："我和面试相比，哪个更重要，你就为了一个面试，放弃一辈子的好朋友吗？"

学完边际选择的你，就可以回答："在这个边际时点，我选择面试。而在人生的旅途中，我选择你。"

电子书那么方便，为什么还有很多人出门带纸质书？

路径依赖：结果在开始的那一刻就已注定

用了很多年的理发师，为什么不会想要换个新的试试？

两个人感情都破裂了，为什么还不离婚？

要解开这些谜团，需要先回答另外一个问题：为什么现在的车行道，都叫马路呢？

你估计很快可以想到，那是因为之前没有汽车，都是马车。所以才延续下来叫作马路。

这当然比较容易理解。不过我要是告诉你，美国航天飞机助推器的宽度是由古罗马两匹马的屁股决定的，你还会相信吗？

但是人类历史留给我们的答案就是这样。

美国航天飞机燃料箱的两旁有两个火箭推进器。这些推进器造好之后要用火车运送到发射地点。路上要经过隧道，隧道的宽度比火车要宽一点，所以推进器的宽度是由火车轨道宽度决定的。现代铁路两条铁轨的标准距离是四英尺又八点五英寸。

为什么是这个尺寸？因为早期的铁路是由建设电车的人设计的，而电车的轮距就是四英尺又八点五英寸。

最初造电车的人哪里来的？以前他们是造马车的，马车的轮距标准是四英尺又八点五英寸。英国马路辙迹就是四英尺又八点五英寸，如果马车的轮距不是这个尺寸，就会很快坏掉并被淘汰。

那么这些辙迹是从哪里来的？整个欧洲，包括英国的老路都是罗马人铺设的，路上的辙迹就是古罗马战车留下的。古罗马战车的轮距就是四英尺又八点五英寸。任何其他轮距的车在这些路上行驶，都会很快坏掉。

那古罗马的轮距为何是四英尺又八点五英寸？因为战车是由马来拉的，两匹马不能太近，也不太远，所以两匹马的屁股宽度决定了这个战车轮距的宽度。

这就是制度经济学中的路径依赖。

这看起来像一个文字游戏，幽默而滑稽，却真实地阐述了路径依赖理论的来源。“路径依赖”这个概念最初是由经济学家道格拉斯·诺斯提出的，用来描述技术变迁中的自我强化和惯性现象，他最终因此获得诺贝尔经济学奖。

这个概念也可以广泛地应用于生活的各个领域，包括我们的日常决策、习惯养成、职业发展等。比如读书，我们都习惯从小读纸质的书，但是现在电子书出现之后，即使我也买过kindle，也下载了“微信读书”，但还是很少去用，相反更习惯抱着一本纸质书翻来翻去。直到我前两年出版的《长得好看能当饭吃吗：提高认知的33个经济学常识》，在微信读书等各大电子书平台上线之后，我才发现，原来电子书比纸质书更高效，不仅可以做笔记，可以看别人的画线，还可以在线跟书友交流各自的感受。虽然如此，现在的我依然喜欢买实体书，仿佛从虚幻的世界里把书拿出来，捧在手里，心里才踏实，但这其实也是一种路径依赖。

电子书或者纸质书，还是无伤大雅的个人喜好。但是，有些路径依赖会对我们的人生带来重大影响。

随着人工智能技术的发展，机器人将替代一些创新性不强的职业。比如，司机、客服、快递员、流水线工人等，这些岗位本身不需要特别高的技术，属于可替代性很高的工作。一旦人工智能新技术大力推广，企业出于节省人力成本的需要，必然会大量裁减这些工作岗位。

但是从事这些职业的人，有多少已经开始寻找新的出路呢？

这就是路径依赖。每个人都会形成一种固定的模式，这种模式在我们的心里固定下来，变成我们依赖的生活模式。

这种模式可以降低行动的成本，减少对心理能量的损耗。就像物理学中的惯性，不用额外的力量，物体能借助惯性再滑行一段距离。但是不要忘了生命中存在种种阻力，阻力会不断削减惯性的力量，一个始终在吃老本的人，终有一天会坐吃山空。

科学家曾经做过这样一个实验：

将5只猴子放在一个笼子里，并在笼子中央挂一串香蕉。当有猴子试图伸手去摘香蕉的时候，实验人员就会用高压水枪去喷所有的猴子，直到5只猴子都不敢再动手去摘香蕉。

随后，用一只新的猴子去代替原先笼子里的一只猴子，当然，新来的猴子不知道这里的“规矩”，所以它一定会去摘香蕉。而这个时候，有趣的一幕发生了：

原先笼子里的4只猴子，会代替实验人员教训“新来的”。它们会一齐上手将它暴揍一顿，直到新来的猴子不敢再触犯这里的规矩。

接下来，用同样的方法继续一只只替换掉原先笼子里的猴子，直到笼子中所有的猴子都没有被高压水枪喷过，笼子里全部都是新猴子，但是依旧没有一只猴子敢去触碰笼子中的香蕉。

在生活中，我们也就是这只猴子。比如，一旦我们形成了一种习惯，比如每天早上起床后先喝一杯水，或者晚上睡前看一会书，这种习惯就会成为一种“路径”，我们会不自觉地沿着这个路径走下去。要改变这种习惯，就需要付出额外的努力。

即使直觉告诉我们，这件事，这个行为，这个决定是不对的，但是我们还是不自觉地延续下去，很难改变。每个人就像在脖子上套了一根链子，在自己的人生轨道上一圈又一圈，循环往复，想挣脱，却总感觉有一股无形的力拉扯着……

有时候，我们可能会发现自己陷入了一种不健康的人际关系，比如与一个经常让我们感到不快乐的人在一起。这种关系就像一种“路径”，我们可能会因为惯性而继续走下去，即使我们知道这并不是我们真正想要的，但是最初那个选择已经做出，后续想要放弃，就必须做出更大的牺牲。

比如，在我们的职业生涯中，我们可能会发现自己被困在一个特定的行业或职位中，即使我们对其他领域更感兴趣或更有天赋。这是因为我们一旦选择了某个职业路径，就会在这个路径上积累经验和技能，这些经验和技能又会使我们更倾向于继续在这个路径上发展。

以我自己而言，我毕业后进入体制十来年，几乎从来没有开心过，因为我一直在“温水煮青蛙”的状态中焦虑着。一直到我鼓起勇气离开。虽然后续经历各种跌宕起伏、伤痕累累，但回顾当年，在每一次自我反思“是不是后悔离开”的时候，我都坚决地回答：后悔，后悔离开晚了。

摆脱路径依赖对我们的限制，就要求我们在面临重大决策时，尽可能地不要受到过去经验和环境的影响，下定决心放弃那条看似安全或熟悉的路径，去尝试一条新的、更具挑战性的路径。只有当我们从一开始就决绝地走上那条艰难而陌生的路，才能走出一条新的光明大道。

因此，克服路径依赖现象，需要有极大的决心和毅力去做出改变。这可能意味着要付出更多的努力和时间，但只有这样，我们才能打破惯性，走出舒适区，探索新的可能性。

而这，却正是拉开人与人差距的重要决定。

随着你读完大学、开始工作，慢慢走上更高的职位，你开始发现，你与小学、初中，甚至大学同学之间的差距越来越大，当年混在一起的小伙伴，已经走上了完全不同的道路。

当你静下心来想想，这个差别从当初的不同选择就已经开始显现。

从早上睡不睡懒觉、上学是否迟到开始，到中学选择自己的理想，到考上不同的大学，到选择不同的就业岗位。选择有大有小，但是每天、每月、每年所有的选择积累起来，就影响了你人生的结果。

所谓的命运，不过就是我们一开始所做出的选择，把自己带往了不同的方向。

房贷要不要提前还？

SWOT 分析：帮你量化人生的选择

近年来，提前偿还住房贷款成为一个热门话题，不少购房者加入提前还房贷的行列。由于还贷申请过于集中，不少银行甚至关闭了线上预约申请通道，只能线下协商办理。根据各银行披露的2023年年报，截至2023年年末，六大国有银行按揭贷款余额合计约26万亿元，较上年年末减少超5 000亿元。

为什么那么多人提前还贷？

提前还贷会是一个好的选择吗？

当我们面临一个复杂问题，需要系统性分析才能做出选择的时候，可以借鉴SWOT分析的方法。

SWOT分析，即基于内外部竞争环境和竞争条件下的态势分析，就是将与研究对象密切相关的各种主要内部优势S（strengths）、劣势W（weaknesses）和外部的机会O（opportunities）、威胁T（threats）列举出来，并依照矩阵形式排列，然后用系统分析的方式，把各种因素相互匹配起来加以分析，从中得出一系列相应的结论，而结论通常带有一定的决策性。

SWOT分析法		
	积极	消极
内部	优势（strengths） 独特能力 特殊资源	劣势（weaknesses） 资源劣势 经济劣势
外部	机会（opportunities） 优势条件 对手的劣势	威胁（threats） 劣势条件 对手的不良影响

SWOT分析图

运用这种方法，可以对研究对象所处的情景进行全面、系统、准确的研究，从而根据研究结果制定相应的发展战略、计划以及对策等。

我们可以先来看一下提前还贷的SWOT分析：

内部优势S（strengths）：

提前还贷，前提是手上有余钱。首先，购房者应该评估自己的财务状况，如果你有足够的储蓄和流动资金，可以轻松应付提前还贷，而不会影响生活质量，那么“手有余款”可能是一个内部优势，这将帮助你减少总成本，并缩短还款周期。

其次，手上的余款是不是能够获得更高收益？如果当前房贷利率较高，你手上有一些余钱，没有合适的投资渠道（银行存款利率太低，股市亏损风险太大），闲置资金无法获得较高收益，也无法在通货膨胀的压力下保值增值，提前还房贷可以在一定程度上节省财务支出。

内部劣势W（weaknesses）：

由于提前还房贷，手上的余款就没有了。那么一旦遇到突发情况，需要资金的时候，可能被迫需要以更高的成本去贷款，这是我们评估提前还贷的劣势时，必须考虑的首要问题。如果你没有为自己留足备用资金，这算是提前还贷的内部劣势了。

此外，你也可能失去了将来获得更高投资回报的机会。我认识的很多朋友，在购买住房的时候，明明手里有很多余钱，却还是选择贷款。为什么呢？贷款实际上是释放了资金的流动性。

房贷由于风险小、回报稳定，因此对于银行来说，是优质的贷款项目。那么相应来说，房贷的利率水平也比其他商业贷款的利率水平要低。

这种贷款利率，可能只有房贷才能拿到。特别是对于信用比较优质的客户，甚至还能在基准利率的基础上下浮30%左右，这么看来，房贷的利率条件就非常优厚的。

对很多人而言，借款成本较低的房贷可以被视为一种廉价的资金来源，可以用于更高回报的投资。如果他将来对资金的流动性有比较大的需求，或者说有能力获得回报比较高的投资项目，那么通过利率比较优惠的房贷，可以把资金留在自己手里。虽然付出了贷款利息，但是投资收益有望获得更大回报，那么就是值得的。

所以大家看，提前还贷的劣势，还应该考虑未来的财务需求和投资机会。如果你有更有价值的投资机会，比如投资股票、创业或其他投资项目，那么将资金用于提前还房贷可能不是最明智的选择。

另外，提前还贷还失去了抵扣个税的机会。在决定要不要提前还贷，实现“无债一身轻”的时候，还需要考虑到房贷其实也可以抵扣一部分个税。

根据我国个税政策，纳税人本人或其配偶单独或共同使用商业银行或住房公积金个人住房贷款为本人或其配偶购买中国境内住房，发生的首套住房贷款利息支出，在缴纳个税时可以申请专项附加扣除。扣除标准是：在实际发生贷款利息的年度，按照每月1 000元标准定额扣除，扣除期限最长不超过240个月。纳税人只能享受一次首套住房贷款的利息扣除。

因此，如果你是首套住房，即使打算提前还贷，最好也不要全部提前还贷。每月至少保留1 000元的还款额，利用房贷抵个税的政策，根据收入情况能抵3%—45%的个税，这一点就跑赢了大多数理财收益。

外部机会O（opportunities）：

根据当前的情况，提前还贷的外部机会，主要是可以获得更低的资金成本和收益。

由于2022年以来利率进入下行期，在这之前签订的房贷合同，利率比新签订的贷款利率更高，这非常不划算。因此提前还款，哪怕之后再借贷，其利率都可能更低，从而获得节约利息支出的好处。

此外，由于近期理财和股市收益不佳，很多人的资金留在手上，无法获得比贷款利率更高的收益，所以选择提前还贷，也是资金效益的最大化。

外部威胁T（threats）：

一是，有些优惠利率，错过可能就再也没有了。刚刚我们说到，提前还款的主要原因在于诸多购房者购房的时间点均在房贷利率处于高点时期购买房屋，在当时环境下贷款利率基本处于5%—6%区间的高点时段。然而，由于近年银行业房贷利率实施LPR转换，使原本银行贷款利率由原来的固定利率转换为市场浮动利率，但是近些年房贷利率不断下行。很多城市前几年的首套房按揭利率高点一度触达6.3%，现已降低至4.3%。而按照现阶段的房贷利率变化趋势，提前还款后不管是后续采用月供不变、缩减还款期限，还是还款期限不变、减少月供这两种方式中的任何一种，对于降低还款利息成本均具有较大诱惑力。

但是，如果你贷款的时候刚好赶上房贷扩张的大环境，不仅当时的利率水平比较低，而且还可以拿到很优惠的贷款利率。比如，我首套房贷款的时候，获得的商业贷款利率是基准利率的7折，如果当时我选择了固定利率，那么贷款的利率水平只有3%左右。这个时候我还需要提前还贷吗?

只要市场上还能找到超过3%的无风险回报产品（比如长期的定期存款），那么提前还款就不划算了。

更何况，对于首套房的利率优惠政策，一旦提前还款就再也享受不到了。比如我有个朋友，首套就买了别墅，当时利率非常好，但是随着他生意越做越大，手头上的资金越来越多，就觉得每月还款还要付利息给银行太不划算了，直接一次性提前还完，无债一身轻。

但是，过了没有多久，他的生意扩张需要资金，迫不得已又通过房产抵押的方式到银行贷款，房子还是那套房子，但是利率就比住房贷款高多了。

二是，违约金也需要考虑进去。为了避免购房者提前还款，银行的房贷合同里往往会有相关条款。在决定提前还贷前，一定要仔细研究这些特殊条款。一些房贷合同可能包含提前还贷的惩罚条款，这意味着如果提前还贷，你需要支付额外费用，在这种情况下，提前还房贷，需要把这些费用算进来，才知道是不是不划算。

通常，在房贷没有满一年的情况下提前还款，银行就会收取一定的违约金。所以，先咨询银行提前还款政策，尽量避开违约金，例如有些银行在房贷满一年后就不再收违约金，有些银行在2—5年。

不过也有个别银行随时可以申请提前还贷，这种情况需要根据你所贷款的银行去及时了解。

三是公积金贷款的特殊性。对于使用公积金贷款购房的人来说，他们通常能够享受较低的利率，公积金贷款利率一般相对较低，因此提前还贷可能不会带来显著的利息节省。

公积金贷款利率有多低呢？

在2023年中国国际服务贸易交易会期间，北京住房公积金管理中心（以下简称“北京公积金中心”）召开公积金政策新闻发布会，会上透露：从北京地区的情况来看，目前公积金贷款5年（含）以下的首套房年利率为2.6%，5年以上为3.1%。这个利率水平，不仅远低于商业贷款，而且仅仅比同期定存高了一点点。如果手里真的有比较多的资金结余，通过适当的投资配置，完全可以实现比公积金贷款利率更高的回报。

更重要的是，如果你同期还在缴纳公积金，由于公积金的存款利率也比较低，这部分资金结余在公积金账户上也是不划算的，刚好可以申请将公积金账户结存的资金，按月提取用于还贷，这样实际上并不会增加自己的支出压力。

如果这时候你选择提前还贷了，那么每月缴纳的公积金短期内也无法提取，还不如用来按月偿还公积金贷款。

这么一看，是不是就更清晰了。

提前还贷的主要触发点，是当前利率水平比较低。但是这毕竟是短期内的利率波动，除非你手上有比较多余款，而且无法寻找到更优质的投资项目，那么确实可以提前还贷。如果你手头比较紧，还款后生活用款紧张；或者长期来看可能会找到更好的投资回报项目，那就不应该因为短期内的利率波动，而做出提前还款的决策。

生活中，实际上会有很多选择，是非常复杂环境和条件下的决策。所以我们在讨论决策之前，有个更重要的大前提是，你是否能清晰准确地量化你自己与世界，这是做出更好决策的关键。这时候，大家完全可以根据自身的优势和劣势、外部的机会和威胁，列出一张表格，从而更清晰地掌握整体局势，做出更好的选择。

熟人借钱要不要借？

人情债：借与不借，都该有本账

借钱，在中国人之间是一个非常敏感的话题，尤其朋友之间。很多时候，我们会把钱借出去，主要是因为磨不开脸。

借钱是典型的风险无限、收益有限的事情。对于银行来说，对外借贷存在巨大的风险和成本，需要通过抵押和高额的利率来弥补。对于熟人之间的借贷来说，主要考虑的就是人情。那么这个人情，到底值了多少钱呢？

一是资金成本。如果你朋友买房，找你借十万块钱，一年后按期还给了你，看起来非常守约，也全额归还了，是不是就两清了呢？

这么来想吧：如果这十万块钱不借给朋友，而是放到银行里，按照一年期定期存款利率3%来计算，一年就是3 000块钱的收益，而这些收益就是你，因为朋友借款所产生的资金成本——时间产生的利息成本。

这3%叫无风险报酬率，这是我不承担任何风险所能得到的回报。

二是风险成本。如果你的朋友不是向你借款，而是向银行借款，他是不可能按照3%来借到这笔钱的。为什么？因为银行需要考虑风险，哪怕提供了充足的担保，银行可能还是要收取6%的借贷利率。超出的3%称为风险溢价，就是银行承担了收不回来、逾期收回等一系列因素，所要收到的价格。

三是机会成本。我们之前讲过，机会成本，在经济学中是放弃了其他机会的最大代价。如果这笔钱你不借给同事，你可以用来干什么？用来买银行的理财产品，那就是每年4%—10%的收益，用来炒股，可能收益200%，也可能全部亏损；用来自己贷款买房，也许还能收益几十万。

所以，你本打算用这笔钱做的事，其可能的收益，也就变成了你借款给朋友的成本。

四是流动性成本。很多人在遇到借钱的时候，最大的困扰在于朋友知道我的生活过得还可以，这点钱是拿得出来的，我总不能说自己没有吧，也太假了。

相信我，他人向你借钱的时候都是考虑过你的支出能力的，但是你的支出能力不代表你愿意支出。

你能买房买车，你就会把钱全部用于买房买车吗？你能支出每年去欧洲旅行的费用，你真的每年都去旅行了吗？其实你舍不得，对吧？因为生活中需要开销的地方实在太多了。

手中看似有闲钱，但那些闲钱是我们安全感的保障，以备不时之需用的，所以它不是闲钱。

如果提供安全感保障的钱足够了，家里还有“余粮”，那才是真正的闲钱。可是，生活中有几个人有这个闲钱？

这些闲钱所能给你提供的安全感，也是你借钱出去的成本。

所以，什么时候该借给别人钱呢？取决于你跟对方的人情关系。

人的内心都有一杆秤，这杆秤称量的是你们的关系远近，你们的信任程度。

每个人都有善心善念，对于自己真心愿意付出的人，不等他开口，我们都会主动提供帮助，这是基于亲友之间多年的熟悉与信赖。

对方真的急用，这笔钱对于他是雪中送炭，那么所付出的人情成本也许是值得的。但是成本始终会是成本，风险也始终都是风险。一旦借出资金，就一定会有无法收回的可能。

那么，借与不借，就是你的选择；而一旦借出，还与不还，又成了对方的选择。

选择的衡量，都是看这段关系在各自心里的价值。

胡适在给友人的信中如此写道：我借出的钱从来不盼望收回，因为我知道我借出的钱总是一本万利，永远有利息在人间的。

如若能达到胡适先生的境界，那么借钱又何妨？

看到这里，你是不是也明白了。人生中那么多选择，其实都是经济学问题。

因为，经济学本身就是一门关于“选择”的科学，选择在经济学中如此重要，以至于有时可以直接用它来定义经济学。1932年，英国经济学家莱昂内尔·罗宾斯在一篇论文中定义了经济学，这也是学界第一次正式把稀缺资源的合理配置作为经济学的研究对象，今天仍然有人在阅读和研究这篇文章。

罗宾斯是这样说的：可供我们支配的时间是有限的。一天只有24个小时，我们必须在时间的不同用途之间进行选择。我们既没有永恒的生命，也没有无限满足需求的手段。无论我们转向哪里，如果我们选择一个东西，我们就必须放弃其他东西。如果转换一下场景，你可能就会选择其他东西。人的欲望不可能随时随地都被满足，这是一种普遍状态。

通俗的解读也就是，罗宾斯认为，经济学是一门研究如何应对资源稀缺性的人类行为科学。这就是经济学科的研究主体，即人们在应对资源稀缺问题时采用的方法与手段。

对于大多数人而言，我们的选择受限于我们手里有多少钱，但即使是世界上最富有的人，他们的一天也只有24个小时。时间对世界上每一个人而言都是稀缺的，所以，我们不得不做出选择。正如经济学家所说的那样，我们都面临着权衡取舍。我们生活在一个资源稀缺的世界。当我们做选择时，如果想要一个东西，就必须放弃一些其他的东西。我们的角色、我们的选择以及我们的权衡取舍也就构成了经济学的主题。

那么，学完经济学，是不是就能找到选择的答案了呢？

凯恩斯曾说过，经济学不是一种教条，它只是一种方法，一种思维的技巧，帮助拥有它的人得出正确的结论。换句话说，经济学并不会给你答案。

经济学并不是预测未来的算命师，而是一种思维方式，它能帮你看透制度、法律、市场背后的经济学逻辑，科学地权衡利益得失，从而帮助你做出最优的选择。

但是，这个选择只能由你自己做出。当你纠结的时候，不妨利用经济学来做个分析。当你权衡了所有利弊，也许就会恍然大悟，原来答案早已藏在心里，你所需要的只是一个决心。

正如东野圭吾的《解忧杂货店》一书里写道：“其实所有纠结做选择的人，心里早就有了答案，咨询只是想得到内心所倾向的选择。最终的所谓命运，还是自己一步步走出来的。”